땅과 하늘의 갈림길에서

|일러두기|
본문에 인용한 성경은 대한성서공회에서 펴낸 개역개정판을 기본으로 하였으며,
다른 역본일 경우에는 별도의 표기를 하였습니다.

신우인의 하늘 이야기 7
땅과 하늘의 갈림길에서
글 신우인

1판 1쇄 발행 2011. 12. 23. | **1판 4쇄 발행** 2020. 3. 26. | **발행처** 포이에마 | **발행인** 고세규 | **등록번호** 제300-2006-190호 | **등록일자** 2006. 10. 16. | 서울특별시 종로구 북촌로 63-3 우편번호 03052 | 마케팅부 02)3668-3260, 편집부 02)730-8648, 팩스 02)745-4827

저작권자 ⓒ 2011, 신우인 | 이 책의 저작권은 저자에게 있습니다. 저자와 출판사의 허락 없이 내용의 일부를 인용하거나 발췌하는 것을 금합니다. | Copyright ⓒ 2011 by Wooin Shin. All rights reserved including the rights of reproduction in whole or in part in any form. Printed in KOREA.

값은 뒤표지에 있습니다. ISBN 978-89-93474-90-9 03230, 978-89-93474-05-3(세트) | **독자 의견 전화** 02)730-8648 | **이메일** masterpiece@poiema.co.kr | 좋은 독자가 좋은 책을 만듭니다. | 포이에마는 독자 여러분의 의견에 항상 귀를 기울이고 있습니다.

THE STORY OF
HEAVEN

신우인의 하늘 이야기 7 ― 신명기

신우인 지음

더불어 함께 살아가는 세상 만들기의 매뉴얼

땅과 하늘의 갈림길에서

포이에마
POIEMA

신우인의 하늘 이야기 7 | 신명기

목차

들어가는 말 | 생명 샘으로 인도하는 이정표 · 6

1. 하나님과 동행하는 삶

1강　경솔히 행하지 말라(신 1:34-46) · 16
2강　그를 강하게 하라(신 3:23-29) · 27
3강　학고이 학가돌(신 4:1-8) · 37
4강　가장 큰 일(신 4:32-40) · 50

2. 고난 학교

5강　하나님 사랑과 십계명(신 5:7-21) · 64
6강　쉐마 이스라엘(신 6:4-9) · 79
7강　네 아들이 네게 묻거든(신 6:20-25) · 92
8강　너는 하나님의 성민(신 7:1-11) · 105
9강　너희 중에 계심이니라(신 7:12-21) · 119
10강　고난 학교(신 8:1-4) · 133

3. 복과 저주의 갈림길에서

11강　하나님께서 추천하신 최고의 땅(신 11:10-17) · 150
12강　복과 저주의 갈림길에서(신 11:26-32) · 164
13강　하나님의 이름을 부를 때(신 12:8-14) · 180
14강　어찌 하오리까?(신 13:1-5) · 197

4 반드시 성취되는 하나님 말씀

15강 왜 돼지고기는 안 되는가?(신14:3-21) • 214
16강 매 칠 년 끝에(신 15:1-11) • 228
17강 반드시 성취되는 하나님 말씀(신 18:15-22) • 246
18강 곡식을 벤 후에(신 24:10-22) • 260

5 하나님이 약속하신 복

19강 전천후 복을 약속하신 이유(신 28:1-10) • 278
20강 모세의 노래(신 32:1-14) • 292
21강 너는 건너가지 못하리라(신 34:1-12) • 303

나가는 말 | 더불어 함께 살아가는 세상을 꿈꾸며 • 323
하늘 이야기를 마치며 | 예수님은 종교적인 분이신가? • 327

들어가는 말

생명 샘으로 인도하는 이정표

"그때보다 더 많이 일하지만 하나도 피곤하지 않아." 한 여자가 혼잣말로 이렇게 말했습니다.

그녀의 남편은 매우 엄격하고 꼼꼼한 남자였습니다. 출근할 때 그날 할 일 리스트를 적어 건네주면 아내는 열심히 실행에 옮겼습니다. 퇴근 후 남편은 그 리스트를 보며 체크하고 잘못을 지적하며 잔소리를 늘어놓았습니다. 그런 일이 반복되면서 아내는 노이로제 증상까지 생길 지경이 되었습니다. 저녁이 되어 남편이 퇴근할 무렵이면 신경이 곤두서고 가슴은 쿵쾅거렸으며, 점점 주눅이 들어 쉬운 일도 제대로 처리할 수 없었습니다.

그 아내를 불쌍히 여기신 하나님은 그 남편을 조금 일찍 데리고 가셨습니다.

　세월이 흐른 후, 그녀를 무척 사랑하는 남자를 만나 결혼하였습니다. 행복했고, 남편의 사랑이 무척이나 고마웠습니다. 어떻게 하면 남편을 기쁘게 할까 궁리하였고 반짝이는 아이디어가 샘솟듯 하였습니다. 아내는 집안을 청소하고 아름답게 꾸미고 맛있는 요리를 준비하였고, 남편은 그런 아내에게 칭찬을 아끼지 않으며 더욱 사랑하였습니다.

　어느 날 그녀는 다락방을 청소하다가 낡은 상자에 빼곡히 담겨 있는 전남편의 리스트들을 발견하였습니다. 그 리스트들을 보자 갑자기 옛 불행이 생각났지만, 현재의 행복이 얼른 그 불행을 꺼버렸습니다. 리스트를 하나 꺼내 읽어보았습니다. 피식 웃음이 나왔습니다.

　공동체에 속한 사람들이 서로 신뢰하지도 않고 사랑하지도 않는 상태에서 체제를 유지하려면 규칙이 많이 생깁니다. 가정이든 교회든 사회든 마찬가지입니다. 공동체 안의 사람들을 묶어놓고 질서를 유지하느라 금지 조항들이 굉장히 많아집니다. 특히 교회의 규칙들은 하나님의 명령이라 해서, 어기면 하나님의 벌을 받는다는 조건이 붙습니다. 모든 규칙들은 사람들을 규제하는 울타리가 되는데 특히 종교적인 울타리는 그중에서도 가장 무서운 것입니다. 기독교의 역사는, 사람들(특히 종교지도자들)은 울타리를 열심히 세우고 하나님은 그 울타리들을 열심히 부수시는 일의 반복이라고 해도 틀린 말이 아닙니다.

하나님은 모세를 통해 울타리에 갇혀 사는 노예 이스라엘 백성을 '하나님의 사랑으로' 구원하셨습니다. 그리고 하나님의 사랑으로 가득한 나라를 세우려고 하셨습니다. 그런데 이스라엘은 '하나님을 사랑하지 않은 채' 이렇게 하면 하나님의 벌을 받고 저렇게 하면 징계를 받는다며 종교적인 울타리를 빽빽하게 세웠습니다. 이사야를 비롯한 예언자들이 그 울타리들을 무너뜨리다가 죽음을 당했습니다. 그러자 하나님께서는 이방 나라를 동원하여 울타리를 걷어치우고 다른 나라의 포로로 보내셨습니다. 이스라엘은 하나님의 성전과 나라를 잃고서야 하나님의 사랑을 통감하였습니다. 하나님은 이스라엘을 다시 불러서 하나님의 신부로 삼으시고 그 지극한 사랑을 가르치셨습니다.

세월이 흐르고, 이스라엘은 또다시 하나님의 사랑을 잊었습니다. 다시 종교지도자들이 앞장서서 울타리를 세우기 시작했습니다. 더 높은 울타리를 그 어느 때보다 견고하게 세웠습니다. 보다 못해 예수님이 오셨습니다. 그들은 예수님을 십자가에 못박아버렸습니다. 그러나 예수님은 부활하셨습니다.

　기독교가 시작되고 얼마 후 사람들은 또다시 울타리를 치기 시작했습니다. 그때 울타리를 얼마나 높이 쳤는지 하늘의 빛을 가리고 사람들의 숨통을 눌렀기에 사람들은 그 천 년 동안을 '중세 암흑기'라고 불렀습니다. 종교개혁으로 그 울타리들을 무너뜨렸으나, 시간이 지나자 종교지도자들은 또다시 열심히 울타리를 치기 시작했습니다. 전도와 봉사와 십일조와 성수주일과 교회 건물 짓기와 목사를 하나님처럼 섬기기라는 울타리입니다. 요즈음 유행하는 신종 울타리는 일천 번째 울타리입니다.

　그 울타리 안에 있어야 하나님의 복을 받을 수 있다고 강조합니다. 그래서 세상과는 거리를 두고 그 울타리 안에서 노심초사하며 종교 생활에 매진합니다. 사람들은 생기를 잃은 채 서서히 지쳐가고, 견디다 못해 그 울타리를 박차고 나오기도 하지만 불안하기 짝이 없습니다. 언제 하나님의 징계가 임할지 모르기 때문입니다.

　성경은, 사람들이 하나님의 형상으로 창조된 '하나님의 자녀'(창 1:27-28)로부터 시작하여 '예수님의 친구'(요 15:14-15)를 거쳐 '그리스도의 신부'(계 21:2-4)에 이른다고 말합니다. 하나님의 자녀, 예수님의 친구, 그리스도의 신부는 하나같이 가장 친밀한 관계를 드러냅니다. 하나님은 우리를 그렇게 사랑하십니다. 진정으로 사랑하는 존재는 절대로 울타리에 가둬두지 않습니다. 사람도 그럴진대 사랑의 하나님이 그러실 리가 없습니다.

문제는, 우리 인간들이 하나님을 사랑하지 않는다는 것입니다. 사랑하지 않을 때 하나님의 당부들은 모두 우리 인간들을 규제하는 규칙과 법도로 보이게 마련입니다.

신명기는 하나님의 변함없는 사랑이라는 프리즘을 통해서 이해해야 합니다. 사람들을 가두는 종교의 '울타리'가 아니라 하나님의 생명 샘으로 인도하는 '이정표'로 해석해야 합니다. 이것이 신명기를 올바로 이해하는 키포인트입니다.

사도 바울은 '율법은 우리를 그리스도께로 인도하는 초등교사'(갈 3:24)라면서, "그리스도께서 우리를 자유롭게 하려고 자유를 주셨으니 그러므로 굳건하게 서서 다시는 종의 멍에를 메지 말라"(갈 5:1)고 강조합니다.

우리를 자녀로, 친구로, 신부로 사랑하시는 하나님의 마음을 상기하며 신명기를 읽을 때에만 그 규례들의 진의를 이해할 수 있으며, 즐겁게 규례들을 따를 수 있습니다. 설령 규례를 어긴다고 하여도 두려움이나 죄책감 없이 바른 길로 들어설 수 있고, 하나님을 향한 여정을 즐겁게 마칠 수 있습니다.

사도 바울의 강조를 마음에 새기면서 신명기에 대해서 구체적으로 알아봅시다.

　신명기는 모세의 마지막 설교로 구성되어 있습니다. 광야에서 40년을 지내는 동안 출애굽 1세대는 모두 죽었습니다. 시내 산 계약을 통해 파라오의 비천한 노예 이스라엘을 하나님의 지고한 제사장으로 만드시려는 하나님의 계획을 그저 머리로만 받아들였을 뿐, 가슴으로 살아내지 못한 결과입니다.

　약속의 땅 가나안을 목전에 두고, 다시 태어난 2세대에게 행한 고별 설교에서 모세는 무엇보다도 '순종'을 당부합니다. 그래야 "생명을 얻고, 그 생명이 더욱 풍성해진다"고 강조하고 있습니다. 이 순종은, 하나님의 사랑을 머리로 인식하고 뜨거운 가슴으로 받아들이며 몸으로 행하는 자발적이며 총체적인 순종입니다.

　신명기의 내용에 들어가기 전에 '신명기申命記'라는 책 이름에 대해서 잠깐 언급할 필요가 있습니다.

　히브리어 성경책의 이름은 통상 책 첫머리에 나오는 단어나 구절 혹은 중심인물의 이름을 따서 명명하는데, 신명기만은 예외입니다. 이 이름은 신명기 17장 18절에 나오는 '이 율법서의 등사본'이라는 말을 근거로, '율법의 복사'라는 뜻의 '미쉬네 하토라'라고 칭한 것입니다. 훗날 히브리어를 헬라어로 번역하는 과정(70인역)

에서 신명기 17장 18절을 잘못 이해하여 '제2의 율법'이라는 뜻을 지닌 '듀테로노미온 Deuteronomion'이라고 명명하였고, 70인역을 기준으로 하는 다른 번역서들도 이를 따르게 되었습니다. 한글 성경 역시 70인역의 명칭을 의역하여 '계명을 자세히 설명하는 책'이라는 뜻을 함축한 신명기로 정하게 되었습니다.

신명기는 세 편의 설교로 구성되어 있는데, 지나간 40년 세월에 대한 회상(신 1:1-4:43), 하나님의 선민으로서 지켜야 할 생활 규범(신 4:44-26:19), 그리고 순종 여부에 따른 하나님의 보상(신 27:1-34:12)에 관한 내용입니다.

모세는 구약에서 가장 중요한 인물입니다. 그의 고별 설교는 예수님께서 제자들에게 행하신 마지막 설교(요 14-16장)와 그 맥을 같이합니다.

땅에서는 구경조차 못하는 진주들의 보고寶庫 성경 말씀, 그 중 신명기의 내용을 머리로 잘 이해하며 또한 가슴으로 살아 하나님의 지고한 제사장으로서 땅에 떨어진 하나님의 거룩한 이름과 기독교의 가치를 최고로 드높이시기를 바라 마지않습니다.

그리할 때 당신의 인생 역시 풍성한 생명으로 가득하게 될 것입니다.

"네 하나님 여호와께서 이 사십 년 동안을
너와 함께하셨으므로
네게 부족함이 없었느니라."

(신 2:7)

하나님과 동행하는 삶

십계명과 여러 가지 규정들을 주신 목적은 우리를 사랑하시기 때문입니다. 이 땅에서 하나님의 자녀로서, 여호와의 제사장으로서 제대로 살게 하기 위해서입니다. 신명기의 다양한 규정들은 오직 하나님의 사랑의 빛 아래서만 참 뜻을 이해할 수 있습니다.

The Story of
Heaven

1강 | 신명기 1:34-46

경솔히 행하지 말라

하나님의 깊은 사랑을 받아들이고 각자의 일상에서 차근차근 적용해 나가면, 내 경솔함과 무모함은 꼬리를 내리고, 대신 하나님의 지혜와 능력이 나타나기 시작할 것입니다.

신명기 1강

누구나 실패를 두려워합니다. 하지만 인간은 공기를 벗어날 수 없듯, 실패를 벗어날 수 없습니다. 그리고 이 실패들을 어떻게 다루느냐에 따라 인생이 달라집니다. 그것을 연구하는 학문이 바로 '실패학'입니다.

'실패학'이란 개념을 처음 소개한 동경대학 하타무라 료타로 교수는 실패를 '좋은 실패'와 '나쁜 실패'로 구분합니다. 좋은 실패도 있나 하겠지만, 실패를 거울삼아 성공의 가능성을 찾을 수 있는 실패는 좋은 실패, 반면 단순한 부주의나 오판으로 인하여 반복되는 실패는 나쁜 실패입니다.

《실패학 정신이 성공을 부른다》의 저자 김동조 씨는 실패학 5대

정신을 다음과 같이 말합니다.

첫째, 누구나 실패한다. 실패하지 않은 사람은 곧 아무 일도 하지 않은 사람이다. 그러므로 실패했다고 좌절할 필요는 전혀 없다. 둘째, 실패 없이 성공도 없다. 실패가 두려워 도전하지 않는다면 결코 성공할 수 없다. 셋째, 실패는 소중한 자산이다. 실패를 잘 분석하여 잘 대처하면 반드시 성공할 수 있다. 넷째, 실패는 성공으로 가는 과정이다. 다섯째, 실패를 망각하면 반드시 실패가 반복된다.

모세는 이스라엘 백성이 40년 광야 생활에서 겪은 실패를 '좋은 실패'로 전환하여 가나안 땅에서는 하나님께서 원하시는 삶을 살기를 간절히 바랐습니다. 그래서 요단 강 동편, 가나안 땅이 내려다보이는 아라바 광야에 이스라엘 백성을 모아놓고 설교를 시작합니다. 이들은 여호수아와 갈렙을 제외하고는 광야에서 태어난 제2세대입니다. 이집트에서 일어난 열 가지 재앙과 홍해 사건을 경험한 부모 세대는 광야에서 40년을 지내는 동안 모두 죽었습니다.

약속의 땅 가나안을 눈앞에 두고 이들은 숨을 죽인 채 자신들의 영도자 모세의 입을 주목하였습니다. 모든 것이 부족했던 광야에서 장구한 세월 동안 험난한 여정을 거치면서 이들을 먹이고 인도

해야 했던 늙은 모세의 눈에는 회한과 염려와 연민이 가득하였습니다. 그러나 아스라이 펼쳐진 가나안 땅과 그 모든 것을 감싸안은 하늘을 보자 그 배후에 계시는 아버지 하나님의 모습이 보이는 듯했습니다. 하나님이 떠오르자 모세의 마음은 무한한 감사로 가득 차며 갈라진 마음이 가닥을 잡고 차분히 가라앉았습니다. 모세는 지난 40년 동안을 회고합니다. 먼저 장로들을 세워 자신의 일을 분담하였던 것을 말하고, 이어 가데스 바네아에서 일어났던 사건을 언급합니다.

이스라엘 백성이 그 일을 어찌 잊을 수 있겠습니까? 40년 광야 생활에서 가장 먼저 겪은, 그리고 가장 크게 실패한 사건이 바로 '가데스 바네아 사건'(민 13-14장)입니다.

홍해를 건넌 후, 그들은 시내 산 기슭에 당도하였습니다. 그동안의 여정을 깨끗이 정리한 후, 시내 산을 바라보며 좌정하자 하나님께서 강림하셨습니다. 그곳에서 여호와 하나님은 이스라엘의 하나님이 되시고, 이스라엘 백성은 하나님의 제사장 나라가 되는 '시내 산 계약'(출 19장)을 맺었습니다.

'시내 산 계약'은 구약 전체를 꿰뚫는 가장 중요한 계약입니다. 이 시내 산 계약을 빼놓고는 신명기뿐만 아니라 구약 전체를 올바로 이해할 수 없습니다. 구약의 역사는 곧 하나님의 시내 산 계약의 이행과 촉구, 이스라엘 백성의 시내 산 계약 회피와 위반이 반복되는 드라마입니다.

　시내 산 계약을 체결한 후 그들은 성막을 중심으로 십계명을 집중적으로 공부하였습니다. 노예근성을 제거하고 하나님의 백성이요 여호와의 제사장으로 거듭나는 길을 배웠습니다.

　그리고 1년 뒤 옮겨간 가데스 바네아는 오른쪽에는 사해, 왼쪽에는 지중해를 끼고 가나안 땅을 마주보는 시내 광야 북서쪽 지방으로, 이스라엘 백성은 그곳에서 각 지파에서 뽑은 정탐꾼 열두 명을 가나안 땅으로 보냅니다. 그들은 40일 후 정탐을 마치고 돌아와 백성들 앞에서 보고합니다. 여호수아와 갈렙을 제외한 열 명은 그 땅에 사는 주민들의 장대한 모습에 그만 기가 질리고 말았습니다. "우리는 도저히 못한다. 그들과 싸워서 이길 수 없다"는 결론에 이스라엘 백성은 그만 울며불며 아우성을 쳤습니다. 그렇게 하나님의 첫 번째 시험을 이스라엘 백성은 평균 20점에도 못 미치고 참담한 실패로 끝맺고 맙니다. 하나님의 약속을 믿지 못했고, 현실의 어려움에 두려움을 느꼈기 때문입니다.

　"이 악한 세대 사람들 중에는 내가 그들의 조상에게 주기로 맹세한 좋은 땅을 볼 자가 하나도 없으리라"(신 1:35). 실패한 백성들에게 내려진 하나님의 조치입니다. 한마디로, 이스라엘 백성은 제사장 노릇을 할 준비가 전혀 되어 있지 않다는 것입니다.

그런데 가나안 땅을 밟아보지도 못하고 모두 광야에서 죽는다는 말에 이스라엘 백성이 들고일어났습니다. 이스라엘 백성이 한 목소리로 외칩니다. "우리가 여호와께 범죄하였사오니, 우리 하나님께서 우리에게 명령하신 대로 우리가 올라가서 싸우리이다"(신 1:41).

언뜻 보면 이스라엘이 회개한 것처럼 보입니다. 그러나 그것은 어디까지나 일시적인 감정에 불과했습니다. 당연히 하나님께서는 진군을 허락하지 않으셨습니다. "너희는 올라가지 말라. 싸우지도 말라"(신 1:42). 하지만 이스라엘 백성은 그 말씀에 귀 기울이지 않고, 무기를 들고 아모리 족속에게 쳐들어갔습니다. 결과는 참담한 패배였습니다. 패배의 원인은 단 하나입니다. "내가 너희 중에 있지 아니하니 너희가 대적에게 패할까 하노라"(신 1:42). 하나님께서 이스라엘 백성과 함께하지 않으셨기 때문입니다. 이스라엘 백성이 돌아와 통곡하였으나, 하나님은 그들의 소리를 듣지 않으셨습니다. 하나님께서는 그들을 철저히 외면하시고 한마디로 평가하셨습니다. '거리낌 없다'(신 1:43), 즉 '경솔하였다'는 뜻입니다.

그들은 다시 광야로 돌아설 수밖에 없었습니다. 그 후 그들은 어떻게 되었을까요? 별로 달라진 것이 없었습니다. 작은 불편에도 원망하고, 불평하고, 하나님과 모세에게 도전하고, 하나님을 시험하는 일들이 이어졌습니다. 그들은 자신들의 실패를 통해 아무것도 배우지 못했습니다.

이렇게 가데스 바네아에서 생긴 일은 최악의 '나쁜 실패'로 남았습니다. 그렇게 40년을 보낸 뒤, 당시 사람들은 죽고 새로운 세대가 태어나 오늘에 이른 것입니다. 죽음을 목전에 둔 모세가 1세대의 '나쁜 실패'를 2세대의 '좋은 실패'로 바꾸기를 얼마나 간절히 원했을까요?

진정한 행복은 기분이나 감정으로 얻을 수 있는 것이 아닙니다. 준비가 되어 있을 때에만 그것을 얻을 수 있습니다. 즉 하나님의 훈련을 잘 받은 후에 약속의 땅이 주어집니다. 하나님의 아들이신 예수님조차도 예외가 아니었습니다. 예수님도 40일 동안이나 아무것도 드시지 않고 광야에서 인내의 훈련을 받으셨습니다. 그리고 사탄의 시험이 이어졌습니다. 예수님께서 사탄의 시험을 어떻게 이기셨는지 주의 깊게 보아야 합니다. 예수님은 신적 능력으로 사탄의 시험을 물리치신 것이 아닙니다. 예수님은 그 시험을 모두 성경 말씀으로 물리치셨습니다. 그런데 예수님께서 인용하신 성경이 모두 신명기의 말씀입니다.

"사람이 떡으로만 사는 것이 아니요, 여호와의 입에서 나오는 모든 말씀으로 살 것이라"(신 8:3).

"너희의 하나님 여호와를 시험하지 말라"(신 6:16).

"네 하나님 여호와를 경외하며 그를 섬기라"(신 6:13).

예수님은 사람들에게 자신을 '섬기라'고 하지 않으시고 '따르라'고 하셨습니다. 우리가 섬기는 대상은, 예수님의 말씀대로 오직 여호와 하나님뿐입니다. 흔히 신앙생활이 실패하는 가장 큰 원인은 예수님을 따르지 않는 것입니다. 예수님은 육신을 입은 우리 인간들이 영이신 하나님께 어떻게 반응해야 하는지를 몸소 보여주기 위해 '롤 모델role model'로 오셨다고 할 수 있습니다. 이를 명확히 해야 합니다.

구약의 여호와 하나님과 신약의 예수님은 본질상 똑같은 분, 한 치의 오차도 없는 분입니다. 그런데 왜 굳이 육신을 입고 이 땅에 오셨을까요? 당시 유대교 지도자들이 여호와 하나님을 올바로 섬기지 않았기 때문입니다. 수많은 예언자와 하나님의 사람들을 보내 훈계하시고 질타하셨지만 그들은 하나님의 말씀을 거부했습니다. 결국 하나님께서 몸소 육신을 입고 이 땅에 오셨습니다. 그리고 하나님의 말씀을 온전히 사셨습니다. 예수님은 마지막으로 '다 이루었다'는 말씀을 남기셨습니다. 무엇을 이루었다는 말입니까?

하나님의 말씀을 이루셨습니다. 하나님의 말씀을 몸과 마음과 영혼으로 실천하심으로써 완성하셨다는 것입니다. 그리고 우리도 예수님처럼 하라는 것입니다.

하나님을 제쳐두고 예수님만을 섬김의 대상으로 삼을 때 큰 혼란에 빠집니다. 혼란의 주된 원인은 구약의 여호와 하나님과 신약의 예수님을 구분하는 데서 옵니다. 신약의 예수님을 중시하는 종파 중에 가장 먼저 떠오르는 것은 '마르키온'입니다. 그들은 구약의 여호와 하나님은 '잔인한 신', '사랑이 부족한 신'이며 신약의 예수님만이 참 하나님이라고 주장합니다. 마르키온은 기독교의 첫 이단으로, 현대에서 이 같은 경향을 가진 대표적인 이단은 '구원파' 등이라 할 수 있습니다.

요즈음의 여러 교회에서도 예수님에게 편중된 이런 경향을 미미하나마 얼마든지 찾을 수 있습니다. 구약성경이 교회에서 제소리를 내지 못하고, 그저 설교 예화로 사용되는 데 그치는 것도 그 중 한 가지 예입니다. 예수님을 잘 믿으면 병을 고치고 귀신을 내쫓고 능력을 행한다고 하는데, 그것은 여호와 하나님의 이름으로도 동일합니다.

이에 비해 여호와의 증인이나 안식교는 구약의 여호와를 중시하며, 통일교와 같이 새로운 교주를 내세우는 종파는 아예 예수님은 실패자요 교주 자신이 구원자라고 주장합니다. 그러나 예수님께서는 '나를 따르라'(마 8:22)고 하십니다.

우리는 중요한 계약을 맺을 때 그 계약서를 잘 보관합니다. 잃어버리면 큰 낭패를 당할 수 있기 때문입니다.

어떤 사람이 지갑을 분실하고 한참 후에야 그 사실을 알아차렸습니다. 얼마 뒤에 당황스럽게도 700만 원짜리 고지서가 날아왔습니다. 게다가 지갑을 습득한 사람은 그의 주민등록증으로 신용카드를 만들어 1,200만 원이나 사용하였습니다. 분실신고를 하지 않은 바람에 고스란히 그 빚을 떠안아야 했습니다. 신용카드나 증명서 역시 중요한 계약의 증거이므로 분실하면 곤혹스러운 일을 당하게 됩니다.

하나님께서는 이스라엘 백성과 시내 산 계약을 맺으신 후 두 가지 중요한 것을 주셨는데, 바로 성막과 십계명입니다. 특히 십계명은 계약의 증거, 곧 계약서였습니다. 그런데 이스라엘 백성은 하나님과의 계약서인 십계명을 제대로 보관하지 못하는 바람에 나라 전체가 앗수르와 바벨론에게 망하고 맙니다. 이스라엘 백성은 광야 40년의 실패를 '좋은 실패'로 전환하지 못하고 결정타를 맞은 것입니다.

'하인리히 법칙'이란 것이 있습니다. 결정적인 실패 전에 300번의 기분 나쁜 전조들이 보이며 29번의 작은 실패가 일어난다는 것입니다. 하나님께서는 기분 나쁜 전조들과 작은 실패들이 반복될 때마다 예언자들을 보내어 그분의 뜻과 경고를 전달하셨지만 불행히도 이스라엘 백성은 듣지 않았습니다. 이스라엘의 전철을 밟고 있지 않은지 한국 교회들이 스스로의 걸음을 심각하게 점검해야만 합니다. 그 구체적인 점검표가 바로 신명기입니다.

　십계명이 헌법이라면, 신명기의 다양한 규정들은 법률조항과 같습니다. 십계명과 여러 가지 규정들을 주신 목적은 우리를 사랑하시기 때문입니다. 이 땅에서 하나님의 자녀로서, 여호와의 제사장으로서 제대로 살게 하기 위해서입니다. 신명기의 다양한 규정들은 오직 하나님의 사랑의 빛 아래서만 참 뜻을 이해할 수 있습니다.

　감정을 앞세우고 크게 부르짖어 회개한다고 해서 하나님께서 내게 오시지는 않습니다. 내가 하나님께로 가야 합니다. 사도 바울은 그것을 '그리스도 안에서 발견되기'(빌 3:9)라고 불렀습니다. 하나님께서 왜 십계명을 주셨는지 알고 그 깊은 사랑을 받아들이며 각자의 일상에서 차근차근 적용해나가면, 내 경솔함과 무모함은 꼬리를 내리고, 대신 하나님의 지혜와 능력이 나타나기 시작할 것입니다.

신명기 3:23-29 | **2**강

그를 강하게 하라

자녀들에게 무엇을 유산으로 남기겠습니까? 자녀들을 오직 신앙으로 담대하게 하십시오. 강하게 하십시오. 그래서 하나님과 하나가 되게 하십시오. 이것이 우리에게 주어진 최고의 사명입니다.

신
명
기
2
강

요한이와 한나 부모님의 직업은 구두닦이입니다.

  가난한 집안 출신의 두 사람이 결혼하여 처음 시작한 장사는 길거리 튀김장사였습니다. 요한이 엄마는 교회 바자회 날이면 튀김을 맛있게 튀겨냅니다.

  어느 날 시동생 부부가 흥분한 얼굴로 남편을 찾아왔습니다. 드디어 부자가 되는 길을 알았다는 것입니다. 그들이 요한이 아빠를 강권하여 데려간 곳은 한 피라미드 판매 회사 교육장이었습니다. 일주일 간 계속된다는 교육을 하루 들어보고 요한이 아빠는 결론을 내렸습니다. "이 사람들은 다른 사람의 피를 빨아먹는 흡혈귀다." 그러고는 교육장을 나서려 하는데, 건장한 청년들이 앞을 막아셨습니다. 교육 기간인 일주일 동안은 밖으로 나갈 수 없다는 것이었습니다. 갖은 애를 다 쓴 끝에 겨우 그 교육장을 벗어난 요한이 아빠는 온 가족을 소집해놓고 이렇게 선언했습니다. "이러한 피라미드 판매는 절대로 내 집에 발을 들여놓을 수 없다. 만일 그런 식구가 있다면 가족의 인연을 끊겠다."

그 말을 들은 요한이 엄마는 남편이 그렇게 믿음직스러울 수가 없었습니다. 그리고 시작한 것이 구두닦이였습니다. 남편을 열심히 도왔습니다. 하나도 부끄럽지 않았습니다. 하지만 부모의 직업을 부끄러워할까 봐 자녀들에게는 밝히지 않았습니다. 구두 광택내는 천을 매일 빨아서는 장롱 뒤 좁다란 공간에 널어 말렸습니다.

그러다가 대학교 일학년 여름방학을 맞은 아들을 불러놓고 아빠의 직업을 밝힌 뒤 여름방학 때에 아빠를 도우면 어떻겠느냐고 제안을 하였습니다. 아들은 이미 아빠의 직업을 알고 있었다면서 선뜻 동의하였습니다. 처음으로 아빠가 일하는 곳으로 가서 일을 시작하였습니다. 물론 열심히 일했습니다.

요한이 아빠의 앳되어 보이는 외모 때문에 나이 어린 사람들도 그를 하대下待하곤 했지만 두 사람은 전혀 개의치 않았습니다. 그런데 키가 크고 잘생긴 대학생이 와서는 구두를 '찍어' 가니까, 사람들이 "훌륭한 학생이구먼. 이런 일을 다 하다니" 하고 칭찬하였습니다. 요한이가 "아버지를 돕고 있습니다" 하고 대답하자 사람들은 깜짝 놀랐습니다. "아니, 이렇게 훌륭한 아들이 있었다니."

그 이후로 여러 가지가 달라졌습니다.

첫째, 사람들이 두 사람을 대하는 태도가 깍듯해졌습니다. 둘째, 무엇보다도 요한이의 인생관이 달라졌습니다. 아들이 부끄러워할까 봐 자신에게 숨기고 지금까지 열심히 일하신 부모님을 진심으로 존경하게 되었습니다. 원래 성실한 요한이 더욱 성숙해졌습니다. 열심히 일하고 열심히 공부하며, 스스로 앞길을 열어나갔습니다.

요한이는 추운 겨울, 피자 가게 배달원으로 아르바이트를 하다가 입대를 했습니다. 당시 요한이 엄마는 식당에서 일을 했는데, 처음 하는 일이라 허리가 끊어지는 것 같았습니다. '아이고, 못하겠다' 생각하고 피곤한 몸을 이끌고 성북동 산꼭대기에 있는 집으로 가는 마을버스를 기다리고 있는데, 아들이 오토바이를 몰고 매서운 찬바람을 가르며 지나가는 모습이 보였습니다. 요한이 엄마는 정신이 번쩍 들었습니다. '이 추운 겨울, 우리 아들은 저렇게 열심히 일하는데, 나는 하루 일하고 이렇게 주저앉다니…'. 다시 몸과 마음을 추스르고 다음날 일을 나갔습니다.

그 해 겨울 입대 전날, 아들은 어머니의 손에 140만 원을 쥐어드리고 입대하였습니다. 그 이름도 거룩한 요한이는 전방 태풍부대에서 소대장으로 당당히 근무하고 있습니다. 벌써 10년도 넘은 이야기입니다.

저는 요한이네 가족을 좋아하고 존경합니다. 이렇게 사는 가정은 아무리 세상이 흔들려도 두려울 것이 없습니다. 씩씩한 요한이네 가족 이야기를 마음에 담고 성경으로 돌아갑니다.

현재 이스라엘 백성은 40년 광야 생활을 마치고 요단 강만 건너면 약속의 땅으로 들어갈 찰나에 있습니다. 그동안 모세는 말할 수 없이 큰 수고를 하였습니다.

이스라엘 백성은 사납기가 이루 말할 수 없는데다가, 430년 동안 노예생활을 하면서 노예근성이 뼛속 깊이 박혀 있었습니다. 그런 그들을 가르치고 이끌고 먹이고 입히며 여기까지 이른 것입니다. 물론 하나님께서 함께하셨지만, 백성들의 원망과 불평은 고스란히 모세의 몫이었고, 어떤 때는 목숨의 위협까지 받을 정도였습니다. 이제 이스라엘 백성은 그 일대에서 당할 나라가 없을 정도로 막강해졌을 뿐만 아니라, 무엇보다도 하나님의 법을 아는 위대한 군대가 되었습니다. 모세의 노고는 그만큼 컸습니다.

그런 모세가 하나님께 엎드려 빕니다. "구하옵나니 나를 건너가게 하사 요단 저쪽에 있는 아름다운 땅, 아름다운 산과 레바논을 보게 하옵소서"(신 3:25).

그런데 하나님의 대답은 너무나 뜻밖이었습니다. "그만해도 족하니 이 일로 다시 내게 말하지 말라." 하나님의 말씀이 이어집니다. "너는 비스가 산 꼭대기에 올라가서 눈을 들어 동서남북을 바라고 네 눈으로 그 땅을 바라보라. 네가 이 요단을 건너지 못할 것임이니라"(신 3:26).

모세에게 이미 주신 은혜가 그만하면 족하다는 말씀을 하신 것입니다. 기가 막힌 일입니다. 무심하신 하나님입니다. 그토록 수고한 모세가 꿈에 그리던 약속의 땅에 들어가지 못한다고 하십니다. 기껏 비스가 산 꼭대기에 올라 구경만 하라는 것입니다.

하나님의 처사를 어떻게 해석해야 할까요? 무엇이 족하다는 것일까요?

가장 좋은 결혼선물이 무엇이라 생각하십니까?

아내의 직업도, 그녀가 가지고 오는 혼수도 아닙니다. 바로 아내 자신입니다. 또한 남편이 가지고 있는 능력이나 부가 아니라 남편 자신입니다. 사랑하는 '그 사람 자신이 최고의 선물입니다. 만일 그렇지 않다면 그 결혼은 아예 시작하지 않는 편이 훨씬 낫습니다. 또 요즈음 말로 해서 결혼은 미친 짓이 되고, 불행은 불 보듯이 뻔합니다.

 그런 결혼이 불행한 여러 가지 이유 중 하나는 '보상 심리' 때문입니다. 만일 아내가 남편으로부터 더 많은 돈을 타내기 위하여 아양을 떨며 집안일을 한다면 아니꼬운 생각이 치밀어오르면서 자존심이 심하게 구겨질 것입니다. 지옥이 따로 없습니다.

 출세를 바라고 사장에게 아부하기, 유산을 바라고 부모님 모시기, 칭찬을 바라고 일하기, 하나님이 복 주시기를 바라고 신앙생활 하기 등등, 모두 우리를 슬프게 하는 것들입니다. 우리를 초라하고 불행하게 만드는 것들입니다.

 모세는 하나님의 거절을 들으며 한 가지 사실을 깨달았습니다. 불타는 떨기나무에서 처음으로 하나님의 음성을 들었을 때 모세는 80세의 목동이었습니다. 하나님은 인생에서 실패한 그를 만나주시고 새로운 사명을 주셨습니다. 능력도 주셨습니다. 하나님의 모습도 보여주셨습니다. 40년 동안 언제나 함께하셨습니다. 하나님을 사랑하는 자체, 하나님께서 나와 동행하시는 그 자체가 생애의 가장 큰 선물임을 알았습니다.

 사도 바울도 마찬가지입니다. 주님을 위하여 기꺼이 온갖 고난을 감수한 사도 바울, 복음을 위하여 목숨을 아끼지 아니한 사도 바울이 육체의 질병을 낫게 해달라고 기도했습니다. 그러나 하나님께서는 거절하셨습니다. 그 가운데 사도 바울은 위대한 하나님의 경륜을 깨닫습니다. "아하. 하나님께서 거절하시는 이유는 나로 하여금 자고하지 않게 함이구나."

진정한 하나님의 사람들은 하나님의 거절 가운데 더 깊은 깨달음을 얻고 더 넓은 은혜의 세계로 들어갑니다. 이것이 최고의 선물입니다.

최고의 보상은 예수님 그 자체입니다. 최고의 영광은 예수님의 일 그 자체입니다.

하나님께서는 모세에게 새로운 사명이자 마지막 사명을 주십니다. "너는 여호수아에게 명령하고 그를 담대하게 하며 그를 강하게 하라. 그는 이 백성을 거느리고 건너가서 네가 볼 땅을 그들이 기업으로 얻게 하리라"(신 3:28).

한마디로 후계자 여호수아를 키우라는 명령입니다. 하나님께서는 모세의 손을 이끌고 비스가 산에 함께 올라 아스라이 펼쳐진 가나안 땅을 보여주셨습니다. 과연 지금까지 40년 동안 지나온 땅과는 비교조차 할 수 없는 아름다운 땅이었습니다.

언뜻 생각하면 하나님이 모세를 약올리시는 것처럼 보입니다. 들여보내지도 않으실 땅을 구경만 시켜주고는, 그 땅을 차지할 여호수아를 잘 교육시키라는 숙제만 남겨주셨으니까요.

그러나 하나님은 물론 그러실 분이 아닙니다. 모세 또한 하나님을 오해할 사람이 아닙니다. 하나님께서 그렇게 하신 이유는, 모세로 하여금 하나님의 비전을 확인하라는 것입니다. 모세는 그 아름다운 땅을 바라보며, 하나님의 비전을 눈으로 보았습니다. 젖과 꿀이 흐르는 가나안 땅의 실체를 확인하며 모세의 마음도 분명 새로워졌을 것입니다. 가슴이 뛰었을 것입니다. 새로움에 대한 흥분 없이 어찌 남을 가르칠 수 있겠습니까?

후계자를 키워야 합니다. 진정한 하나님의 사람들은 하나님의 비전을 계승할 후계자를 '반드시', '미리' 키웁니다. 사도 바울이 디모데라는 믿음의 아들을 일찌감치 키웠음을 마음에 두고, 저도 청년들을 발굴하여 키우고 있습니다.

진정한 하나님의 사람들은 자신의 권력 유지와 일신의 영달에 관심을 두지 않습니다. 오직 하나님의 비전과 그 실현에 초점을 맞추어야 함을 오늘날 교회 지도자들은 잊지 말아야 합니다. 그래야 교회가 살고, 기독교가 살고, 성도들이 살아납니다.

하나님의 비전으로 하나님과 모세가 하나가 되었고, 나아가서는 모세와 여호수아가 하나 되었습니다. 모세는 기쁜 마음으로 여호수아를 담대하고 강하게 하였습니다. 자신의 지위뿐만 아니라 그

동안 체득한 모든 것을 아낌없이 여호수아에게 주었습니다. 훗날 모세의 후계자 여호수아는 이스라엘 백성을 이끌고 가나안 땅 정복을 훌륭히 완수하였습니다. 이것이 증거입니다.

예수님께서 십자가 죽음을 앞두고 이런 말씀을 하십니다. "내게 주신 영광을 내가 그들에게 주었사오니, 이는 우리가 하나가 된 것 같이 그들도 하나가 되게 하려 함이니이다"(요 17:22).

자녀들에게 무엇을 유산으로 남기겠습니까? 자녀들을 오직 신앙으로 담대하게 하십시오. 강하게 하십시오. 그래서 하나님과 하나가 되게 하십시오. 이것이 우리에게 주어진 최고의 사명이자 마지막 사명입니다.

그리할 때에 하나님은 모세와 여호수아를 영광스럽게 하셨듯이 우리와 우리 자녀들을 영광스럽게 하실 것입니다.

신명기 4:1-8 | **3**강

학고이 학가돌

여호와는 사랑의 하나님이십니다. 무슨 처사를 내리시든, 겉으로는 잔인해 보이고 엄격해 보인다 해도 그 의도는 '완전한 사랑'입니다. 우리를 살리고 우리의 생명을 더욱 풍성하게 하기 위함입니다.

신명기 3강

 "이대로는 안 된다. 이들이 자립할 수 있는 방안을 찾아야 한다." 1989년 어느 날, 여성 노숙자들을 위한 쉼터에서 자원봉사를 하던 조쉬 에이어는, 쉼터가 여성들에게 일시적인 안전은 제공하지만 그들의 삶을 근본적으로 변화시키는 데는 아무런 도움이 되지 않는다는 것을 깨달았습니다. 그래서 콩을 500달러어치 사서 노숙자 두 명과 함께 콩 수프믹스를 만들어 파는 직업 훈련을 시작하였습니다. 이것이 바로 현재 미국에서 성공적인 사회적 기업으로 꼽히는 위민스 빈 프로젝트Women's Bean Project의 출발입니다.
 이 회사의 목표는, 여성 노숙자나 장기 실업 여성들에게 직업 훈련의 기회를 제공함으로써 자신감을 회복하고 삶의 비전과 목표를 갖게 하여 자립 기반을 만들어주는 것입니다.

  위민스 빈 프로젝트에 참여하고 있는 클레나의 말입니다. "빈 프로젝트가 제게 얼마나 좋은 기회였는지, 그리고 제 삶을 얼마나 크게 바꾸었는지 제대로 표현할 수 없어요. 제가 할 수 있는 말이라곤 그저 제게 이런 기회를 제공해주고 저를 믿어준 빈 프로젝트 직원들에게 감사하다는 것뿐이에요."

  클레나는 결손가정에서 자라 어린 시절부터 온갖 험한 일을 해왔습니다. 하루하루 끼니를 걱정해야 했던 그녀에게 장기적인 계획을 세우고 실천한다는 것은 꿈조차 꿀 수 없는 이야기였습니다. 그런데 위민스 빈 프로젝트를 만나면서부터는 달라졌습니다. 미래를 준비하고 필요한 문제에 집중할 수 있게 되었습니다. 현재 일하면서 대학 진학을 준비하고 있는 그녀에게 빈 프로젝트는 '희망을 위한 가장 큰 선물'입니다.

  '학고이 학가돌', 히브리어로 '큰 나라'라는 뜻입니다. "이 큰 나라 사람은 과연 지혜와 지식이 있는 백성이로다"(신 4:6)에서 나온 말입니다. 우리가, 또 우리 자녀들이 세상 사람들로부터 "과연 학고이 학가돌이구나!"라는 경탄의 말을 듣는다면 얼마나 좋겠습니까?

요즈음 청년들의 실업 문제가 매우 심각합니다. 청년들은 취업을 위한 스펙 쌓기에 골몰하지만 취업은 쉽지 않습니다. 심지어는 취업 면접학원까지 생겼는데, 그 비용이 한 달에 200만 원이 넘는다고 합니다. 그럼에도 취업만 된다면 기꺼이 그 돈을 지불하겠다고 말합니다. 설상가상으로 세계 경제는 곤두박질치고 있어 청년 실업 문제를 넘어 세계 대공황까지 예견되며, 미래는 점점 더 암울해지고 있습니다. 요즈음처럼 어려운 시절, 최고의 전문가들도 미래를 예측하지 못하는 시절에, 우리가 '학고이 학가돌'이라는 말을 듣는 것은 거의 불가능한 것처럼 보입니다.

하지만 모세는 가능하다고 말합니다. 모세의 말을 듣고 있는 사람들은 아무것도 없는 광야에서 하루하루 먹고 마실 것을 걱정하며 무려 40년을 살아온 사람들입니다. 정규 교육은 물론 받은 적이 없거니와 가진 것도 없는 노숙자 수준의 사람들입니다. 그런데 가능하다는 것입니다. 이 꿈 같은 일이 일어나기 위한 조건은 무엇일까요?

"너희는 [이 규례를] 지켜 행하라. 이것이 여러 민족 앞에서 너희의 지혜요 너희의 지식이라. 그들이 이 모든 규례를 듣고 이르기를, 이 큰 나라 사람은 과연 지혜와 지식이 있는 백성이로다 하리라" (신 4:6).

하나님의 규례와 법도를 듣고 준행하면 그런 일이 일어난다고 모세는 확언하고 있습니다. 좋습니다. 이제부터라도 하나님의 규례와 법도를 잘 지켜 '학고이 학가돌'이 되기로 합시다.

그런데 명심해야 할 것이 있습니다. 하나님의 규례와 법도를 누구보다 잘 지킨 이들이 바리새인입니다. 그들은 우리와는 비교할 수도 없는 열성으로 규례와 법도를 지켰습니다. 그런데 그런 그들이 '학고이 학가돌'이라는 말을 듣기는커녕, 예수님으로부터 신랄한 비판을 들어야 했고, 천국에 들어갈 수 없다는 말씀까지 들어야 했습니다. 이게 어찌된 일일까요? 그들의 잘못은 무엇일까요?

가장 먼저 버려야 할 것은, 하나님의 규례와 법도를 잘 준수하면 그 대가로 하나님의 복을 받는다는 생각입니다.

그렇게 생각한 대표적인 사람들이 바로 유대교의 종교지도자들과 바리새인들입니다. 바리새인들은 규례와 계명을 더욱 잘 지켜 하나님의 복을 받아보겠다는 일념으로 십계명을 2,134개로 확대하였습니다. 그러나 그 결과는 참혹했습니다. 스스로 함정에 빠졌고, 다른 사람들마저 올무에 걸려 꼼짝 못하게 만들었습니다. 더욱 무서운 것은, 자신들이 가장 잘하고 있는 줄 알았다는 것입니다. 그래서 그들은 하나님의 아들 예수님까지 십자가에 달아버렸습니다. 이들을 보면 착각에는 커트라인이 없다는 말이 맞습니다.

예수님이 회당에서 전하신 첫 말씀은 이것이었습니다. "나를 보내사 포로 된 자에게 자유를, 눈 먼 자에게 다시 보게 함을 전파하며 눌린 자를 자유롭게 하고 주의 은혜의 해를 전파하게 하려 하심이라"(눅 4:18-19).

그러니까 바리새인들의 행태는 사람들로 하여금 포로가 되게 하고 눈멀게 하고 억압하는 것이며, 그들의 가르침을 열심히 실행하면 할수록 하나님의 뜻과는 점점 더 멀어진다는 것입니다.

오리는 머리가 나빠, 새끼 오리를 가르친다며 부리로 쪼다가 왜 자신이 그렇게 하는지 잊어버리는 바람에 새끼를 죽게 만든다고 합니다. 가더라도 알고 가야 합니다. 하나님께서 왜 그런 규례와 법도를 주셨는지 그 깊은 뜻을 먼저 알아야 합니다.

여호와는 사랑의 하나님이십니다. 무슨 처사를 내리시든, 겉으로는 잔인해 보이고 엄격해 보인다 해도 그 의도는 '완전한 사랑'입니다. 우리를 살리고 우리의 생명을 더욱 풍성하게 하기 위함입니다. 절대로 이를 잊어서는 안 됩니다. 잊었다가는 그 규례와 법도의 본질은 사라지고 사람들을 옭아매는 올무가 되고 맙니다. 기독교의 역사는 그 일의 반복이라고 해도 틀린 말이 아닙니다.

우리가 생각하는 학고이 학가돌, 큰 나라는 세상과 사람들을 지배하는 부유한 강대국을 말합니다. 그래서 나와 내 자녀들이 높은 자리와 넉넉한 재산을 소유할 방도를 마련하는 데 일생을 보냅니다. 이것은 시작부터 잘못된 것입니다.

다시 출애굽 당시로 돌아가봅시다.
모세의 영도 아래 이집트를 탈출하여 이스라엘 백성이 당도한 곳은 홍해 앞입니다. 뒤에는 파라오의 정예군단이 수천 수백이나 되는 병거를 몰고 그들을 추격하고 있습니다. 진퇴양난이요, 독 안에 든 쥐 신세가 되었습니다. 백성들은 아우성을 칩니다. 그때 모세가 나서서 외칩니다. "너희는 두려워하지 말고 가만히 서서 여호와께서 오늘날 너희를 위하여 행하시는 구원을 보라. 너희가 오늘 본 애굽 사람을 영원히 다시 보지 아니하리라"(출 14:13). 그리고 하나님은 그들을 홍해 바다에 수장시켜버리셨습니다.
당시 이집트는 최강대국이었습니다. 430년 동안 이스라엘 사람들은 그들의 노예로 살아야 했습니다. 수장되는 파라오와 이집트 군대를 보며 이스라엘 사람들은 속이 다 시원했을 것이고 한(恨)마저 풀렸을 것입니다.
그리고 이스라엘 백성은 시내 산에서 하나님과 계약을 맺습니다. 하나님은 그분의 규례와 법도를 대표하는 십계명을 주셨습니다.

이스라엘 백성이 오랫동안 노예로 산 데 대한 보상으로 가장 높은 하나님의 제사장으로 삼으시겠다는 것일까요? 또한 십계명을 잘 지키면 복을 듬뿍 주셔서 그들이나 우리를 또 다른 강대국이 되게 하시겠다면 이집트와 무슨 차이가 있겠습니까? 하나님의 의도가 그런 것이라면, 마포파를 무너뜨리고 그 졸개들을 데려와 용산파로 만드는 것과 다를 게 뭐가 있겠습니까? 그런데 이스라엘이나 우리나 모두 그렇게 생각하고 있습니다.

하나님께서 세우시려는 나라는 전혀 다른 차원의 나라입니다. 그럼에도 우리 인간들은 같은 유의 또 다른 강대국을 꿈꾸며 열심히 하나님을 섬깁니다.

2008년에 이어 세계를 강타하고 있는 금융위기는 미국에서 시작되었습니다. 이 금융위기는 그동안의 위기와는 차원이 전혀 다른 것으로, 인간의 끝도 없는 탐욕이 빚어낸 것입니다. 2008년에 첫 번째 위기를 맞아 그 원인을 파헤치고 분석하면서 사람들은 경악했습니다. 그 불의와 술수와 거짓과 은폐와 무자비함은 필설로 다할 수 없었습니다. 그 일들이 세계에서 하나님을 가장 잘 믿는다는 미국에서 일어났습니다.

스탠퍼드 금융사기 사건은 기독교 인사들과 그들의 지인들이 만들어낸 합작품입니다. 카리브 해의 가난한 섬나라 앤티가바부다의 주민보다 더 가난한 사람들에게 높은 금리를 약속하고 무려 80억 달러를 가로챘습니다. 그 비리는 사건 발생 15년 전부터 낌새가 보였으나 그들은 로비스트를 고용하고 또 정치자금과 뇌물을 아낌없이 사용하여 자신들의 거짓을 은폐해 왔습니다.

모두 다 학고이 학가돌을 다르게 생각했기 때문에 하나님을 잘 믿는다는 나라에서 이런 일들을 자행한 것입니다. 열심히 그 뒤를 좇고 있는 우리를 심각하게 성찰해보아야 합니다.

근대의 200년 동안 인간은 해보고 싶은 것들을 모두 해보았습니다. 공산주의 국가까지 세워보았습니다. 세계의 절반을 장악했던 공산주의는, 그러나 100년을 버티지 못했습니다. 이제 남은 것은 자본주의입니다. 자본주의 자체는 나쁜 것이 아닙니다. 그러나 수고와 노동 없이 돈이 돈을 버는 오늘날의 금융 자본주의는 인간의 탐욕이 만들어낸 괴물 중의 괴물입니다. 이제 자본주의는 인간이 통제할 수 없는 지경이 되었습니다. 그저 또다시 돈으로 환부를 가리는 정도 외에는 위기를 넘길 다른 방도가 없습니다.

이 금융위기는 그동안 인간을 휘둘러온 맘몬Mammon 신에 대한 하나님의 징계가 아닐까요? 분명 그렇습니다. 그렇다면 우리 자신에게도 물어봐야 합니다. 인간들을 웃고 울린 맘몬 신이 징계

당함을 보면서 어떤 기분을 느끼십니까? 속이 다 시원하십니까, 아니면 걱정이 태산이십니까?

　이 위기에 경악하고 걱정이 태산 같다면 우리는 여호와 하나님을 믿은 것이 아니라 맘몬 신을 믿고 산 것입니다.

새로워지지 않으면 안 되는 시대가 왔습니다.
　청년들의 실업이 급증하는 이유는 이제 산업시대가 한계에 도달했기 때문입니다. 물론 인간이 존재하는 한 뭔가를 생산하고 소비해야 합니다. 당연히 돈도 필요합니다. 하나님께서도 이 모든 것을 알고 계십니다. 다만 옛 시대의 산물에 종속되어 휘둘려서는 안 된다는 말입니다.
　요즈음 다시 도덕과 정의가 주목을 받고 있습니다. 착한 자본주의, 너와 내가 공생하는 사회적 기업이 뜨고 있습니다. 너무나 반갑고 고마운 일입니다.
　조쉬 에이어를 보십시오. 그녀는 자원봉사자에 불과했습니다. 분명 회사 경영에 대해서는 문외한이었을 것입니다. 그런데도 여성 노숙자들을 살리겠다는 마음과 500달러만 가지고도 훌륭한 기업의 CEO가 되었습니다. 그녀는 진정한 학고이 학가돌입니다.
　무엇을 먹을까 입을까 마실까 염려하는 삶에서 벗어나 하나님의 시각으로 자신과 세상을 바라보십시오. 살길이 보입니다.

"인간으로서 가장 위대한 일은 상대방의 가치를 인식하고 가장 그답게 살도록 도와주고 격려하는 일이다"라는 20세기의 예언자 마르틴 부버의 말을 잊지 마십시오.

먼저 내 가치, 내가 가진 재능과 관심을 알아보아야 합니다. 재능이 곧 하나님의 뜻입니다. 내 재능과 관심을 꽃피울 수 있는 일을 열심히 하며, 나는 즐겁게 다른 이들은 행복하게 만들라는 것입니다. 잘 아시지 않습니까? "아무리 머리가 좋아도 노력하는 사람을 이기지 못하며, 아무리 열심히 노력해도 즐기는 사람을 이기지 못합니다." 내 재능과 관심을 죽이고 세상의 기준에 맞추느라 동분서주하는 발걸음을 멈추고, 생명의 빛인 예수님의 말씀 아래 자신을 비춰보십시오. 나만이 걸을 수 있는 오솔길이 보입니다.

하나님께서는, 내가 누구든 내 처지가 어떠하든, 여호와의 제사장으로 세우셨습니다. 여호와의 제사장은 하나님을 독점하고 사람들 위에 군림하는 존재가 아닙니다. 사람들을 살리며 인도하는 생명의 리더입니다. 그 존귀한 제사장직을 올바로 수행하기 위한 지침을 모세가 가르쳐줍니다. "이스라엘아, 이제 내가 너희에게 가르치는 규례와 법도를 듣고 준행하라. 그리하면 너희가 살 것이요. 너희 조상의 하나님 여호와께서 너희에게 주시는 땅에 들어가서 그것을 얻게 되리라"(신 4:1).

첫째 지침은 이것입니다. 하나님의 규례와 법도를 배우고 그 안에 담긴 하나님의 깊은 뜻을 올바로 이해하고 열심히 준행해야 합니다. "내가 너희에게 명령하는 말을 너희는 가감하지 말고 내가 너희에게 내리는 너희 하나님 여호와의 명령을 지키라"(신 4:2).

둘째, 하나님의 명령을 가감하지 않는다는 것은, 내 이득에 따라 자의적으로 왜곡하지 말라는 것입니다. 아담과 하와가 에덴동산을 잃은 이유는, "선악을 알게 하는 나무의 열매는 먹지 말라. 반드시 죽으리라"라는 단 하나의 명령에 가감을 하였기 때문입니다.

사람이므로 명령을 지키지 못할 때가 있습니다. 그러나 지키려고 애를 써야 합니다. 자기 합리화를 해서는 안 됩니다. 내 잘못을 아무리 정당화하고 합리화하여도 하나님의 명령은 그대로 남아 있습니다. 그리고 그 말씀에 따라 심판을 받습니다. "오직 너희 하나님 여호와께 붙어 떠나지 않은 너희는 오늘까지 다 생존하였느니라"(신 4:4).

셋째, 무슨 일이 있어도, 어떤 고난과 역경을 당해도, 하나님을 의심하지 말고 하나님께 붙어 있어야 합니다. 주님도 제자들에게 하신 고별설교에서 이렇게 가르치셨습니다. "사람이 내 안에 거하지 아니하면 가지처럼 밖에 버려져 마르나니, 사람들이 그것을 모아다가 불에 던져 사르느니라. 너희가 내 안에 거하고 내 말이 너희 안에 거하면 무엇이든지 원하는 대로 구하라. 그리하면 이루리라"(요 15:6-7).

이러한 지침들을 지킬 때에 놀라운 일들이 일어납니다.

"너희는 지켜 행하라. 이것이 여러 민족 앞에서 너희의 지혜요 너희의 지식이라. 그들이 이 모든 규례를 듣고 이르기를 이 큰 나라 사람은 과연 지혜와 지식이 있는 백성이로다 하리라"(신 4:6).

뭇 사람들이 우리가 전하는 하나님의 사람의 지혜와 지식을 놀라워할 때 우리는 비로소 '학고이 학가돌'이라는 이름을 얻게 될 것입니다.

4강 | 신명기 4:32-40

가장 큰 일

신앙생활을 열심히 하면 하나님께 복을 듬뿍 받아 하나님의 자녀가 되는 것이 아니라, 우리는 원래부터 하나님의 형상을 가진 하나님의 자녀입니다.

신명기 4강

"넌 도대체 머릿속이 어떻게 돼먹은 거야! 돌고래도 너보단 낫겠다!" 빅터의 담임선생인 로널드 선생이 소리쳤습니다. 수업 시간에 또 실수를 저지른 것입니다.

빅터 로저스를 학교 친구들은 '바보 빅터'라고 불렀고, 그를 보면 '꿔억꿔억' 돌고래 울음소리를 냈습니다. 빅터는 굼뜬 아이로, 주정뱅이 아버지와 단둘이 컨테이너 하우스에서 살았습니다. 로널드 선생으로부터는 야단만, 친구들로부터는 놀림만 당하며 사는 빅터는 말까지 더듬었습니다.

어느 날 학교에서 I.Q. 테스트를 했습니다. 며칠 후 결과가 나왔습니다. 빅터의 I.Q.는 73. 바보가 확실했습니다. 빅터 자신도 그

가 장 큰 일

렇게 생각했습니다.

 간신히 고등학교를 졸업한 빅터는 동네 자동차 정비업소에서 온갖 궂은일을 도맡아 하며 근근이 살았습니다. 그런 빅터가 가장 좋아하는 것은 혼자서 뭔가를 곰곰이 생각하는 것과 눈에 띄는 대로 책을 읽는 것이었습니다. 그러다 보니 스물네 권짜리 브리태니커 사전을 한 권 빼고 다 읽었습니다. 못 읽은 것은 21권, 그 이유는 고물상에서 얻어온 책이라 그 한 권이 빠져 있었기 때문입니다. 하여간 빅터는 골똘히 생각에 빠져 있느라 사람들로부터 지적을 받기 일쑤였고 점점 더 바보 취급을 받게 되었습니다.

 어느 날, 빅터는 고속도로변 커다란 입간판에 수학문제 하나와 인터넷 주소가 덩그러니 적혀 있는 것을 보았습니다. 호기심이 발동한 빅터는 얼른 그 문제를 적었고, 틈만 나면 그 문제와 씨름한 끝에 마침내 답을 알아냈습니다.

 빅터는 유일한 친구인 로라의 도움을 받아 그 인터넷 주소로 답을 보냈습니다. 이 우연한 일로 빅터에게는 생각할 수 없는 일이 벌어졌습니다. 당대 최고의 수재들을 모아놓은 애프리 사에 특별 채용된 것입니다.

 사건의 전말은 이렇습니다. 애프리 사는 특별한 천재를 원했고, 그래서 그런 간판을 내걸었던 것입니다. 수십만의 사람들이 그 입간판을 그냥 지나쳤으나 빅터만은 관심을 가졌습니다.

빅터는 그 이후 우여곡절을 겪었지만 열심히 살았습니다. 그리고 빅터는 바보가 아니라 놀라운 천재임이 밝혀졌습니다.

첫 I.Q. 테스트 결과가 나왔을 때, 그의 I.Q.는 173이었습니다. 그러나 로널드 선생은 그럴 리가 없다며 73이라고 발표한 것입니다. 현재 빅터는 세계 각국의 천재들만 가입할 수 있는 국제 멘사 협회 회장으로, 또한 수많은 히트 상품을 개발한 발명가, 기업 컨설턴트, 저술가, 혁신강연가로 신나게 살아가고 있습니다.

빅터는 노력해서 자기 I.Q.를 73에서 173으로 끌어올린 것이 아닙니다. 미운 오리 새끼가 원래 백조였던 것처럼, 그는 원래부터 천재였습니다. 신앙생활을 열심히 하면 하나님께 복을 듬뿍 받아 하나님의 자녀가 되는 것이 아니라, 우리는 원래부터 하나님의 형상을 가진 하나님의 자녀입니다.

모세는 광야에서 태어난 새로운 세대 앞에서 다음과 같이 말합니다. "네가 있기 전 하나님이 사람을 세상에 창조하신 날부터 지금까지 지나간 날을 상고하여 보라. 하늘 이 끝에서 저 끝까지 이런 큰 일이 있었느냐? 이런 일을 들은 적이 있었느냐?" (신 4:32)

이 일이 무슨 일인가 하면, 태초 이래로 가장 큰 일이라는 것입니다. 그것은 바로 시내 산에서 생긴 일, 이스라엘 백성에게 하나님께서 음성으로, 말씀으로 나타나신 사건입니다.

신명기는 구약 시대에 가장 중요한 사건은 '시내 산 계약'이라고 수차에 걸쳐 강조하고 있습니다. 정말 그렇게 생각하십니까? 이는 모세의 개인적인 생각이 아니라 하나님의 생각입니다. 하나님께서 중요하다고 하신 것이라면 우리도 중요하게 생각해야 합니다. 그렇지 않다면 자신의 I.Q.가 73이라고 믿고 바보 노릇을 했던 옛 시절의 빅터로 살아가게 됩니다.

시내 산 계약은 노예 이스라엘 백성을 지고하신 하나님의 영광스런 제사장으로 세우시는 계약입니다. 열심히 십계명을 지킨 대가로 제사장 직위가 주어진다고 생각해서는 절대로 안 됩니다. 그런 생각은 적선積善을 열심히 하면 해탈하여 부처가 된다는 불교의 가르침과 조금도 다를 바가 없는 것입니다.

빅터의 I.Q.가 원래 173이었듯이, 미운 오리 새끼가 원래 백조였듯이, 모든 인간은 원래부터 하나님께서 보시기에 '심히 좋은' 하나님의 자녀입니다. 그런데 원래 그렇게 창조된 것을 잊고 사탄의 꼬임에 빠져 스스로 하나님이 되려다가 자신도 전혀 깨닫지 못한 채 사탄의 노예 노릇을 열심히 하였고, 또 하고 있습니다.

이스라엘 백성이 오죽 변변치 못했으면 430년 동안이나 이집트에서 종으로 살았겠습니까? 역사상 전무후무한 일입니다. 그런데 이러한 그들을 구원하여 하나님의 제사장으로 삼으시려는 것입니다. 자녀로 복귀시키는 것으로 충분할 텐데 왜 굳이 제사장으로 세우려 하실까요?

사실 출애굽 과정에서 이미 그들은 하나님의 가족이 되었습니다. 이집트에 내려졌던 마지막 재앙은, 어린 양의 피가 문설주와 인방에 칠해지지 않은 집의 장자들은 모두 죽는 것이었습니다. 곧이어 내려진 하나님의 명령은 모든 사람과 짐승의 처음 난 것을 하나님께 바치라는 것이었습니다(출 13장). 장자는 그 집안의 대표입니다. 그 대표가 모두 하나님께 속한다는 것은 모든 가정이 하나님과 가족 관계에 들어갔다는 뜻입니다. 그렇게 하나님의 가족이 된 이스라엘 백성은 홍해를 건너 시내 산 기슭에 이르러 하나님의 제사장이 되는 시내 산 계약을 맺습니다.

제사장은 옛적부터 어느 곳에서든 권력을 가진 귀족들보다 우위에 있는 최상위 계급입니다. 그들이 그런 지위와 특권을 누리는 것은 신과 가장 가까운 존재 내지는 신의 대리자이기 때문입니다. 그래서 제사장들은 특별한 사명을 부여받습니다. 하나님의 제사장이 되라는 것은 하나님으로부터 특별한 사명을 받았다는 뜻입니다. 즉 하나님을 대신하여 세상과 사람들을 돌보며, 사람들에게 하나님의 뜻을 가르쳐 하나님께로 인도하는 사명입니다.

예수님께서 우리에게 주신 마지막 사명도 그와 같은 것입니다. "그러므로 너희는 가서 모든 족속을 제자로 삼아 아버지와 아들과 성령의 이름으로 세례를 베풀고 내가 너희에게 분부한 모든 것을 가르쳐 지키게 하라"(마 28:19-20).

이런 사명은 새삼스러운 것이 아니라 창세기 1장에서부터 부여된 것입니다. "생육하고 번성하여 땅에 충만하라. 땅을 정복하라. 모든 생물을 다스리라"(창 1:28). 굉장히 전투적인 용어로 번역되었지만 정확한 뜻은 그렇지 않습니다.

'다스리다'에 해당되는 히브리어는 '라다 radah'로, 군림하는 것이 아니라 '돌보다', '살게 하다'라는 의미입니다. 그러니까 다른 존재들(사탄, 돈, 권력, 쾌락 등)의 하수로 휘둘리지 말고, 하나님의 당당한 자녀로서 맡겨진 영역들과 피조물들을 잘 돌보아 그들의 생명을 풍성하게 하라는 하나님의 당부입니다.

시내 산 계약이 얼마나 중요했으면, 예언자와 같은 대변인을 거치지 않고 하나님께서 친히 나타나셨겠습니까?

하나님 현현顯現의 목적을 모세는 분명히 하였습니다. "이것을 네게 나타내심은 여호와는 하나님이시요, 그 외에는 다른 신이 없음을 네게 알게 하려 하심이니라"(신 4:35).

이와 같은 큰 일이 또 있었습니다. 바로 예수님께서 육신을 입고 이 땅에 오신 일입니다. 예수님은 여호와 하나님께서 시내 산에서 나타나신 것과 동일한 목적을 가지고 오셨습니다.

그런데 예수님께서 육신을 입고 이 땅에 오셨다는 것은, 이스라엘 백성이 제사장의 사명을 제대로 수행하지 못했다는 증거입니다. 그들이 사명을 제대로 수행했다면 동정녀 탄생과 같은, 인간으로서 이해 불가능한 복잡한 길을 택해서라도 오셔야 했겠습니까?

예수님 당시 종교지도자들과 바리새인들이 보인 모든 행태 자체가 그들의 오류입니다. 그것은 한마디로 왜곡된 선민의식과 기복신앙입니다. 그들은 자신들의 오류를 결코 시인하지 않고 오히려 예수님을 십자가에 달아버렸습니다. 왜곡된 선민의식과 기복신앙, 오늘날 교회가 세상을 향해 보여주는 것 아닙니까? 또다시 우리가 실패를 반복하고 있음을 인정해야 합니다.

차라리 바보 빅터가 왜곡된 선민의식을 가진 이들보다 훨씬 낫습니다. 겸손한 태도는 갖고 있었으니까요. 오늘날의 교회는 하나님의 제사장이 아니라 하나님처럼 군림하려고 합니다. 문제는 예나 지금이나 세상 사람들이 인정을 하지 않고 등을 돌린다는 것입니다.

여호와 하나님의 시내 산 현현이나 예수님의 성육신과 같은 큰 일이 예수님께서 부활 승천하신 후 초대교회에서 일어났습니다. 바로 제자들이 다락방에 모여 기도하던 중 오순절에 성령께서 강림하신 사건입니다.

사람들은 성령 받기를 갈망합니다. 가장 좋아하는 것은 병 고치는 능력이고, 그게 안 되면 예언과 투시의 능력, 하다못해 방언이라도 받으려고 합니다. 성령은 곧 능력이기 때문입니다. 이 모두가 또 다른 왜곡된 선민의식과 기복신앙의 반영입니다.

성령은 무엇보다도, 하나님의 깊은 뜻을 통달하게 하시는 진리의 영(고전 2:10)입니다. 또한 하나님과 하나가 되게 하시는 영이며, 살리는 영입니다. 하나님의 깊은 뜻과 맡기신 사명을 깨닫고 하나님과 하나가 될 때 죽은 사람도 진정으로 살아난다는 뜻입니다.

결혼식, 생일, 새 집을 산 날, 승진한 날, 그 어떤 날보다 더 중요한 날이 성삼위 하나님께서 이 땅에 현현하신 날들입니다. 참다운 성도는 이 날의 가치를 잘 아는 사람들입니다.

예수님께서 모인 사람들에게 물으십니다. "너희는 무엇을 보려고 광야에 나갔더냐? 바람에 흔들리는 갈대냐?"(마 11:7). 당시 사람들은 세례 요한을 보려고, 예수님을 보려고 구름처럼 몰려들었습니다. 병 고침을 받기 위하여, 얻어먹기 위하여, 구경하기 위하여 몰려들었습니다. 진정 말씀을 사모하고 예수님을 사랑하여 모인 사람은 극소수였습니다.

예수님께서 말씀하십니다. "여자가 낳은 자 중에 세례 요한보다 큰 이가 일어남이 없도다. 그러나 천국에서는 극히 작은 자라도 그보다 크니라"(마 11:11). 세례 요한은 그 어떤 사람보다도 크지만, 아무리 땅에서 크고 위대하여도 하늘에서는 가장 작은 자라는 것입니다. 예수님께서 말씀하고자 하시는 것이 무엇입니까? 가장 큰 이, 삼위일체 하나님을 보라는 것입니다.

1974년에 필리핀 민도르 섬에서 한 일본인이 발견되었습니다. 그는 히로오 오노다라는 일본군 패잔병인데 제2차 세계대전이 끝난 줄도 모르고 홀로 그 섬에서 30년을 숨어서 살아온 것입니다. 1980년에는 푸미오 나까무라라는 또 다른 일본군 패잔병이 발견되었습니다.

이미 예수님이 오셨고 성령께서 강림하셨는데도 그것을 알지 못하고, 또 예수님을 만나지도 못했다면, 또 다른 '불쌍한 오노다'입니다. 여전히 종교 행위에 몰두하며 이제나 저제나 하나님의 복을 기다리는 사람은, 일본의 패망을 알지 못한 채 승전 소식만을 기다리는 '가련한 나까무라'입니다.

일본은 그들이 돌아오자 열렬히 환영하며 전쟁 영웅으로 치켜세웠습니다. 기복신앙을 부추기며 종교 행위를 독려하는 교회지도자와 맹종하는 교인들을 칭찬하는 교회는 '어리석은 일본'과 다를 바가 없습니다.

빅터는 원래부터 천재였습니다. 국제 멘사협회 회장 취임 연설에서 그는 자신을 끝까지 믿고 격려해준 레이첼 선생을 소개하면서, "선생님, 당신과의 만남은 제 인생 최고의 행운이었습니다"라고 말했습니다.

우리는 원래부터 하나님의 자녀였습니다. 그 사실을 깨닫게 하기 위해 삼위일체 하나님께서 우리 앞에 현현하셨습니다. 그분을 만나, 나는 원래 하나님의 자녀임을 알게 되었습니다. 또한 예수님의 자랑스러운 친구(요 15:14)요 어린 양의 성결한 신부(계 21:2)로 사는 것이 최고의 인생임을 알게 되었습니다. 그 큰일이 내 안에서 일어나도록 참혹한 십자가의 저주와 고난을 견디신 예수님께 최고의 영광을 돌립니다.

가장 위대한 하나님, 이미 가장 큰 승리를 이루신 예수님의 손을 놓치지 마십시오. 그때 우리는 가장 위대한 승리의 영광에 참예하게 됩니다.

"예수님, 당신과의 만남은 제 인생 최고의 행운이었습니다."

"내가 오늘 너희 앞에 베푸는 모든 규례와 법도를
너희는 지켜 행할지니라."

(신 11:32)

고난 학교

예수님은 종교성을 추구하지 않으셨습니다. 대신 하나님과 교감하며 하나님의 사랑을 실천하는 영성을 추구하셨습니다. 바리새인들이 목숨을 걸었던 종교성은 자신들과 사람들을 죽였으나 예수님의 영성은 다른 사람들을 살렸고, 오고 오는 모든 세대에게 하나님의 꿈을 꾸게 하였습니다. 하나님의 꿈을 꾸게 하고 그 꿈을 일상의 삶에서 실현하게 하는 것이 기독교의 본질입니다.

The Story of Heaven

5강 | 신명기 5:7-21

하나님 사랑과 십계명

하나님께서 주신 생명과 시간과 재능으로 언제 어디서든지 하나님의 뜻을 실천하여 이웃에게 덕을 끼치는 삶을 살아갈 때, 하나님의 이름 은 자연히 가장 존귀하게 됩니다.

신명기 5강

　데이비드 리버만은《나에겐 분명 문제가 있다》라는 책을 썼습니다. 이 책에서 77가지 항목을 제시하고 있는데, 그 가운데 몇 가지를 말씀드립니다.

- 다른 사람이 성공하면 은근히 배 아파하고, 실패하면 은근히 즐거워합니다.
- 병이나 사고로 병원에 누워 있기를 바랍니다.
- 다른 사람의 의견을 지나칠 정도로 의식합니다.
- 나에게는 재수 없는 일만 일어난다고 생각합니다.
- 문제가 생기면 저절로 해결되기를 바랍니다.

- 남의 험담이나 연예인 이야기를 즐깁니다.
- 징크스 같은 미신을 믿습니다.
- 다른 사람과 나 자신을 끊임없이 비교합니다.
- 호사다마의 법칙을 믿습니다.
- 새로운 상황을 맞는 것을 바라지 않습니다.
- 다른 사람의 거절에 쉽게 상처를 받습니다. 반면 다른 사람의 부탁을 거절하지 못합니다.
- 주위 사람들의 사랑과 관심을 확인하려 듭니다.
- 남의 비밀이나 고백에 유달리 관심이 많습니다.
- 외모에 유달리 집착합니다.

여러분은 어떻습니까? 이 항목들은 우리가 일상에서 흔히 느끼고 무심코 행하는 것들입니다. 보통 사람이라면 이 정도는 큰 문제가 아니라고, 누구나 당연히 그렇다고 여기는 것들입니다. 그런데 데이비드 리버만은 이렇게 말합니다. "만일 이러한 현상이 나에게 있다면, 나에게는 분명 문제가 있습니다."

문제가 없는 사람은 없습니다. 그런데 문제를 문제로 보지 못하는 것이 가장 큰 문제입니다. 문제를 방치함으로써 그 문제는 점점 더 커져 마침내 그 사람을 불행하게 만듭니다.

남의 실패를 은근히 즐기는 것은 모든 사람의 공통된 성향이 아니라, 문제가 있는 사람이 보이는 특이한 행동입니다. 유독 외모에 집착하거나 나에 대한 남의 평가나 관심을 확인하려 하는 것은 당연한 것이 아니라, 내게 큰 문제가 있어서 앞으로 더 불행해질 징조입니다.

  험담을 즐기거나, 남의 일에 유독 관심을 갖거나, 연예인 이야기에 깊은 관심을 기울이는 것은, 남들도 다 그런 것이 아니라 내게 문제가 있다는 증거입니다. 남 이야기를 하는 것은 그 사람에게 관심이 있어서가 아닙니다. 남이 당한 불행을 통해 나는 그렇지 않다고 안도감을 느끼고 남의 실수를 통해 나는 괜찮다고 위안을 얻습니다. 남이 알지 못하는 이야기를 할 때 쾌감을 느낍니다. 사람들이 내게 귀를 기울이는 모습을 보고 내가 유력한 사람, 중요한 사람인양 착각하게 됩니다.

  사람들이 연예인 이야기에 열을 올리는 이유가 또 있습니다. 그 이야기를 하는 동안, 진짜 내 문제 우리 문제에서 떠날 수 있으며, 한편으로는 우리 중에 아무도 피해를 입지 않아 죄책감에서 해방될 수 있기 때문입니다.

  그러는 동안 진짜 문제, 나를 불행하게 만드는 문제는 여전히 남아 있습니다. 아무리 열심히 남의 험담이나 연예인 이야기를 해도 허탈한 이유가 여기에 있습니다.

　이런 잘못된 태도들은 종교 생활에서 더 자주 볼 수 있고 그것들은 대단히 심각한 문제를 야기합니다. 그것은 눈으로 볼 수 없는 하나님과 연관되어 있기 때문입니다. 또 일상생활에서는 마음과 생각의 차원에 국한된 이야기지만, 종교에서는 영혼과 관련된 문제이기 때문입니다. 영혼이 병들면 이건 보통 심각한 문제가 아닙니다. 천국과 지옥이 갈리는 문제입니다.

　예수님께서 친히, '주여, 주여' 하는 자마다 천국에 들어가는 것이 아니라고 말씀하셨습니다. "그때에 내가 그들에게 밝히 말하되, 내가 너희를 도무지 알지 못하니 불법을 행하는 자들아, 내게서 떠나가라 하리라"(마 7:23).

　예를 들어봅시다.

　자신에게 재수 없는 일만 생긴다고 생각하는 사람이 있습니다. 이는 실상 유독 하나님이 그 사람만 불행하게 만드시는 것이 아니라, 그에게 중요한 결함이 있기 때문입니다. 문제가 생기면 하나님께서 알아서 해주시겠지 생각하며 수수방관하는 것은 믿음이 좋은 것이 아닙니다. 내게 문제가 있어서 그렇게 하는 것입니다.

　문제를 해결하기 위한 첫걸음은 자신의 문제를 인정하는 것입니다. 그런데 세상의 기준은 제각각이라서, 여기서는 고쳐야 할 단점이라고 하는데 저기서는 계속 키워야 할 장점이라고 합니다.

퀴즈를 하나 내겠습니다. 성경에 똑같은 내용이 반복되는 것이 딱 하나 있습니다. 무엇일까요? 단 다른 성경책의 내용을 인용한 것은 제외합니다. 예수님도 가끔 구약 성경 구절을 인용하셨는데, 그런 경우는 제외합니다.

정답은 '십계명'입니다.

십계명은 출애굽기 20:1-17과 신명기 5:6-21에 정확하게 반복되고 있습니다. 그만큼 중요하다는 뜻입니다.

모세는 현재 광야에서 태어난 2세대 앞에서 고별 설교를 하는 중입니다. 1세대는 모세, 여호수아, 갈렙을 제외하고 모두 이미 죽었습니다. 이스라엘 백성에게 십계명을 설명하는 모세의 말 중 귀 담아 들어야 할 중요한 부분이 있습니다.

"우리 하나님 여호와께서 호렙 산에서 우리와 언약을 세우셨나니, 이 언약은 여호와께서 우리 조상들과 세우신 것이 아니요, 오늘 여기 살아 있는 우리, 곧 우리와 세우신 것이라"(신 5:2-3).

40년 전 1세대와 맺은 시내 산 계약이 2세대에게도 여전히 유효하다는 것입니다. 이는 곧 '계약 갱신'을 의미합니다. 그렇다면 옛 이스라엘과 맺은 계약은 새 이스라엘인 우리에게도 유효합니다.

계약을 맺을 때는 반드시 계약의 세부 사항을 확인해야 합니다. 세부 사항을 꼼꼼히 점검하지 않았다가는 낭패를 당하게 되고, 모든 책임을 감수해야 합니다.

다시 한 번 묻습니다. 십계명의 내용을 잘 숙지하고 있습니까? 만일 숙지하지 않았다면 오늘 당장 십계명을 외워 마음에 담아놓고 삶의 지침으로 삼으셔야 합니다.

하나님께서는 십계명이라는 절대 불변의 기준을 마련해주셨습니다. 이 기준에 따라 자신을 점검해보면 우리의 근본 문제, 우리의 삶을 초라하게 만드는 요인이 무엇인지 알게 됩니다.

십계명은 이렇게 시작합니다. "나 외에는 다른 신들을 네게 두지 말지니라"(신 5:7).

이것처럼 독선적이고 이보다 더 이기적인 명령은 없습니다. 그런데 이 계명이 그렇게 보이는 데에는 그만한 이유가 있습니다. 존재하는 모든 것은 서로 의존하고 있습니다. 그래서 오직 자신만을 위하라는 명령은 아무리 그럴듯한 명분을 내세운다고 할지라도 독선적인 것이 될 수밖에 없습니다. 아무리 선한 군주라도 백성 없이는 존재할 수 없습니다. 또한 욕심이 전혀 없는 사람은 자신이 의존적인 존재임을 누구보다도 잘 알기 때문에 아예 이런 명령을 내리지 않습니다.

하지만 다른 존재의 도움이 전혀 필요 없는 존재가 이런 명령을 할 때는 그 명령에 담긴 뜻을 심각하게 생각해볼 필요가 있습니다. 더군다나 선한 의도로 이런 규칙을 정했다면 더욱 진지하게 생각해보아야 합니다.

엄마가 어린 자녀에게 귀에 못이 박히도록 말합니다. "길에서 모르는 사람을 절대로 따라가서는 안 된다." 그 말을 어기고 장난감을 사주는 사람을 따라갔다는 것을 알게 되면 그 엄마는 '기절할 듯' 놀라고 '미친 듯' 찾아나설 것입니다. 만일 찾지 못한다면 그 엄마에게는 일생 중 가장 슬프고 충격적인 일이 될 것입니다.

그런데 하나님은 우리를 구원하기 위해 자신의 아들을 십자가에서 죽게 내버려두셨습니다. 예수님이 스스로 부활하실 줄 알았을까요? 십자가에서 못 박히실 때 "엘리 엘리 라마 사박다니"(마 27:46)라고 예수님은 절규하셨습니다. 그 뜻은, "나의 하나님, 나의 하나님, 어찌하여 나를 버리셨나이까?"입니다.

우리는 하나님께서 나를 잊으시고 버리셨다고 생각합니다. 그러나 그것은 오해입니다. 하나님은 우리를 버리거나 잊으신 적이 한 번도 없습니다. 잃어버린 자녀로 인해 평생 마음 아파하는 엄마를 상상해보십시오. 아무리 기쁜 일이 있어도 그 자녀를 생각하면 기쁨은 순식간에 사라지고, 오히려 더욱 슬퍼집니다. 예수님은 하나님의 마음을 절대로 오해하지 않으십니다. 그런데도 그렇게 외치셨다는 것은 정말로 하나님께서 그 아들을 버리셨기 때문입니다.

"아프냐? 나도 아프다."

엄마는 자녀가 아프면 자신도 아픕니다. 차라리 자신이 아프기를 바랍니다. 하나님은 우리의 작은 신음에도 마음 아파하십니다. 당연히 예수님의 십자가 고난과 죽음을 아파하십니다. 그 아픔을 공감한 불트만은 《십자가에 달리신 하나님》이라는 책을 통해, 십자가에 달리신 것은 인간 예수가 아니라 하나님 자신이라고 하였습니다.

"나 외에는 다른 신들을 네게 두지 말지니라." 이 첫 번째 계명을 통해, 우리가 하나님보다 더 중요하게 여기는 것이 얼마나 많은지 알게 됩니다. 어린 자녀가 모르는 아저씨를 쫓아가는 경우는 딱 하나, 엄마보다 장난감이 더 중요하게 보일 때입니다.

이 첫 번째 계명에 순종했을 때 아브라함은 이삭을 데리고 모리아 산에 오를 수 있었습니다. 그 산에서 '여호와 이레'의 복을 이삭과 함께 받았습니다. 여호와 이레란 '여호와의 산에서 준비되리라'라는 뜻입니다. 이 첫 계명을 지킬 때에만 우리도 모리아 산에 오를 수 있고, 하나님은 나와 내가 소중히 여기는 모든 것을 살려주십니다.

두 번째 계명은, "너는 자기를 위하여 새긴 우상을 만들지 말고… 어떤 형상도 만들지 말며 그것들에게 절하지 말며 그것들을 섬기지 말라"(신 5:8-9)입니다.

홍천군 물걸리에 야투 산이라는 자그마한 산이 있습니다. 그 산의 인적 드문 곳에 정자와 거대한 비석들이 즐비하게 서 있습니다. 비석에 자신의 공적을 새겨놓은 사람은 그곳에서 태어나 서울에서 장사를 하여 꽤 큰돈을 번 평범한 사람입니다.

어떻게 해서든지 흔적을 남기려는 것이 인간의 속성입니다. 당연히 자신이 섬기는 신의 형상과 신전을 다른 무엇보다도 크고 웅장하게 만들려 합니다. 현재까지 남아 유네스코 지정 세계 인류 유산으로 등재된 그 화려한 '잔재'들과 오늘도 열심히 짓고 있는 종교 건축물들을 떠올리면 쉽게 이해할 수 있습니다. 교회들도 열심히 그 뒤를 따르고 있습니다.

그런데 하나님께서는 오히려 열심히 자신의 흔적들을 지워나가십니다. 기독교의 역사는, 인간은 열심히 세우고 하나님은 열심히 무너뜨리시는 과정이라고 해도 과히 틀린 말이 아닙니다.

사람들은 하나님의 성막, 성전, 법궤를 하나님 자체로 여기며 소중히 다뤘습니다. 그러나 그것들의 정확한 형태도 현재로서는 알 수 없게 사라져버렸습니다. 최후의 만찬에서 사용한 성배나 시신을 감쌌던 성의도 없어졌습니다. 석가모니의 진신 사리들은 세계 여러 곳으로 분산되어 우리나라에도 있다고 하는데, 우리는 예수님께서 달리신 십자가의 정확한 형태도 알지 못해 종파마다 다 다른 모양의 십자가를 갖고 있습니다.

사도 바울이 개척하고 디모데가 담임목사, 사도 요한이 원로목사를 지냈으며, 예수님의 육신의 어머니 마리아까지 몸담고 있었던 그 유명한 에베소 교회는 그 정확한 터조차 모릅니다.

하나님께서 이 모든 조치를 하신 깊은 뜻은 과연 무엇일까요? 헛된 일에 몰두하지 말라는 것이 아닐까요?

형상은 그 존재를 제한하고 가두는 상자입니다. 하나님은 어디에도 가둘 수 없는 존재이십니다. 엄청난 우주도 하나님의 손 안에 있으며, 끝이 없을 것 같은 시간도 하나님을 규정하지 못합니다. 모든 공간과 시간이 하나님의 것입니다. 우리는 그 안에서 살아갑니다. 언제든 어느 곳이든, 우리는 하나님의 품 안에 있습니다.

사람들은 미련하여 남다른 능력이 있는 것을 섬기기 마련입니다. 겨울이면 다 죽은 것 같던 개구리가 봄이 되면 다시 살아납니다. 그리고 그 엄청난 생식능력! 그래서 이집트 사람들은 개구리를 부활과 다산의 신 '헥트'로 만들어 섬겼습니다. 괴상한 바위와 나무만 있어도 영험하다고 절을 합니다. 옛날 옛적에 고인이 된 김유신 장군의 영을 섬깁니다. 중국의 제갈공명이나 달마 대사의 영을 섬기기도 합니다. 하지만 이것은 영험한 목사를 하나님처럼 떠받드는 것보다는 낫습니다. 죽은 김유신 장군이나 제갈공명이나 달마 대사는 섬기는 사람들의 시간과 정성은 빼앗을지언정 스스로 영험하다고 주장하는 살아 있는 목사처럼 영육을 고갈시키고 인생을 망가뜨리지는 않기 때문입니다.

이런 신심信心이라면 차라리 없는 편이 훨씬 낫습니다.

이 모든 일들을 좋은 신앙심으로 오해하여 하나님께서 주신 생명과 시간과 재능을 탕진하지 않도록 하라는 하나님의 신신당부가 두 번째 계명에 가득 채워져 있습니다.

세 번째 계명은, "너는 네 하나님 여호와의 이름을 망령되이 일컫지 말라"입니다.

다른 사람이 나에 대하여, "아, 그 사람, 아무것도 아니야"라고 말한다면 나는 가만있지 않을 것입니다. 하찮게 여겨지거나 무시당하면 사람들은 화를 냅니다. 누군가가 내 이름을 도용하여 부당한 이익을 챙긴다거나 내 명예에 먹칠을 한다면 사람들은 참지 못합니다. 그 이유는 내 이름이 망령되게 사용되었기 때문입니다. 그런데 정작 나 자신은 내 이름에 손상이 가는 일들을 수없이 행합니다. 거짓말, 속임수, 게으름, 약속 불이행, 자기 합리화 등등. 내가 생각하는 나와 실제 살아가는 나는 엄청난 차이가 있습니다. 실제의 나를 생각하면 비난받아 마땅합니다.

그러나 하나님은 다릅니다. 하나님은 한번 하신 말씀을 반드시 이루십니다. 약속을 반드시 이행하십니다. 그래서 하나님의 이름은 거룩합니다.

하나님의 이름을 망령되이 일컫는 행위 중에서도 으뜸은 하나님을 부인하는 것입니다. "하나님이 어디 있어? 있으면 내 앞에 데려와 봐." 가장 거룩하신 하나님, 가장 위대하신 하나님을 아무것도 아닌 것으로 여깁니다. 이것이 바로 하나님을 모르는 세상 사람들이 하나님의 이름을 망령되이 일컫는 경우입니다.

심지어 성도들도 하나님의 이름을 망령되이 일컫습니다. 자신을 정당화하고 합리화하기 위하여, 책임을 전가하기 위하여, 자신의 잘못을 은폐하기 위하여 거룩한 하나님의 이름을 이용합니다. 하나님께서 하지 말라는 일들을 몰래 행합니다. 모두 다 하나님의 이름을 망령되이 일컫는 일들입니다.

우리가 맡은 일을 제대로 수행하여 명예를 얻고, 여러 사람들을 살리며 행복하게 살아갈 때 부모님의 이름이 높아집니다. 부모님은 자랑스러워하십니다.

하나님의 경우도 마찬가지입니다.

예수님이 하신 말씀을 다시 반복합니다.
"네 마음을 다하고 목숨을 다하고 뜻을 다하여 주 너의 하나님을 사랑하라 하셨으니, 이것이 크고 첫째 되는 계명이요, 둘째도 그와 같으니 네 이웃을 네 자신같이 사랑하라 하셨으니, 이 두 계명이 온 율법(십계명)과 선지자의 강령이니라"(마 22:37-40).

하나님께서 주신 생명과 시간과 재능으로 언제 어디서든지 하나님의 뜻을 실천하여 이웃에게 덕을 끼치는 삶을 살아갈 때 그의 인생은 의미와 보람과 열매로 가득하게 되고, 그로 인하여 하나님의 이름은 자연히 가장 존귀하게 됩니다.

마지막으로, 십계명의 모든 내용을 빠짐없이 잘 지키는 사람은 단 한 명도 없습니다. 내가 십계명을 잘 지키며 하나님을 열심히 믿는다고 하나님 다음으로 높아지는 것이 절대로 아닙니다. 그렇게 되려면 십계명의 내용을 언제 어디서나 하나도 어김없이 잘 지켜야 합니다. 그것만으로는 충분하지도 않습니다.

"이것은 내가 어려서부터 다 지키었나이다"(눅 18:21). 부유한 관리가 가난한 나사렛 목수 예수님께 한 말입니다. 십계명을 모두 열심히 지켰다는 그 관리는 누구보다도 속이 깊고 겸손하고 훌륭한 사람이었습니다. 불이익을 감수하고 진정한 구원을 얻기 위하여 예수님을 찾는 위험을 감수하였으니까요. 그러나 예수님은 그에게 더 큰 것을 요구하셨습니다. "네게 있는 것을 다 팔아 가난한 자들에게 나눠주라. 그리고 와서 나를 따르라"(눅 18:22).

내게 여전히 문제가 많음을 인정하지 않을 수 없습니다. 왜곡된 선민의식과 기복신앙으로 인해 하나님의 자녀들이 파멸하였음을 마음 깊이 새기고 오늘 우리 그리스도인들의 일그러진 자화상을 바로잡아야 합니다.

끝까지 겸손하기로 합시다. 천성에 이르는 그날까지 예수님을 닮아가기로 합시다.

신명기 6:4-9 | **6**강

쉐마 이스라엘

하나님께서 온 몸과 마음과 정성을 다하여 하나님 여호와를 사랑하라 명령하신 이유는, 살아가는 힘은 사랑에서 오는 것이기 때문입니다.

신명기 6강

드디어 올 것이 오고야 말았습니다. 1942년 겨울, 독일 게슈타포가 나치 병사들을 이끌고 집으로 들이닥친 것입니다. 빅터 프랭클(Viktor Emil Frankl, 1905-1997) 박사가 부모 그리고 아내와 함께 짐짝처럼 실린 군용 트럭은 이미 유대인으로 가득 차 있었습니다. 연행되기 직전 프랭클 박사는 신경정신과 의사로서 처음으로 쓴 원고를 챙겨 얼른 품속에 구겨넣었습니다.

트럭이 도착한 곳은 기차 정거장. 그곳에는 오스트리아 빈에 살고 있던 모든 유대인들이 독일군의 감시 아래 모여 있었습니다. 모두들 말이 없었지만 얼굴은 죽음의 공포로 경직되어 있었습니다. 지정된 기차 화물칸에 너무나 많은 사람들이 타고 있어서 노약자들만 앉히고 다른 사람들은 모두 서 있어야 했습니다. 얼마나 갔을까? 영원히 끝나지 않을 것 같은 여정이었습니다. 드디어 기차가 멈추고 모두들 내렸습니다. 그곳에는 더 많은 유대인들이 모여 있었습니다. 바로 죽음의 수용소 아우슈비츠였습니다.

독일군 병사의 손짓 하나로 남자와 여자, 노인과 어린이가 구분되었습니다. 헤어지지 않으려 하거나 마지막 인사를 하려고 지체했다가는 곧바로 폭행이 이어졌고, 가끔씩 총소리가 들려 모든 사람들을 소스라치게 했습니다. 그때마다 사람들이 피를 흘리며 쓰러졌고, 그 시체는 질질 끌려 어디론가 사라졌습니다. 거기가 사랑하는 아내와 부모를 마지막으로 본 곳이 되고 말았습니다. 서로 주고받았던 그 애절한 눈길을 어떻게 잊을 수 있겠습니까?

남자들로만 구성된 긴 행렬을 따라 커다란 막사에 들어간 후, 지시에 따라 소지품들은 압수되고 옷이 모두 벗겨졌습니다. 원고 뭉치가 바닥에 툭 떨어졌습니다. 박사의 원고를 발견한 독일군은 "이건 또 뭐야?"라고 말하며, 그 원고를 타는 난로에 던져버렸습니다. 가족까지 잃은 박사에게 그 원고는 마지막 남은 정신적 자식이었습니다.

타오르는 원고와 함께 삶의 의욕도 다 타버렸습니다. 망연자실 서 있는 프랭클 박사에게 앞서 죽은 유대인이 입던 더러운 줄무늬

죄수복이 던져졌습니다. "얼른 입지 않고 뭐해!"라는 소리에 기계적으로 그 옷을 입었습니다. 그런데 옷 솔기 감침질한 곳에서 무엇인가 작고 딱딱한 것이 만져졌습니다. 순간, '이게 뭐지?' 하는 호기심이 잠깐 그를 깨우고 지나갔습니다.

춥고 배고픈 하루가 정신없이 지나고, 판자로 대충 못질해 만든 막사에 배정되었습니다. 침상에 얼마나 많은 사람들이 배정되었는지 몸을 뒤척이기도 힘들었습니다. 그나마 다행인 것은 옆 사람의 체온으로 추위를 조금이나마 막을 수 있는 것이었습니다.

너무나 경악스런 하루를 보냈는지 사람들은 말이 없었고, 그 와중에 코를 골며 잠든 사람들도 있었습니다. 앞으로 어떻게 될까, 아내와 부모님은 어떻게 되었을까, 수많은 상념들이 떠올라 잠을 이룰 수 없었습니다. 그때 갑자기 생각난 것이 있었습니다. 아까 옷을 입으며 스쳤던 그 작고 딱딱한 것! 그는 조심스럽게 옷 솔기에 감추어진 것을 꺼냈습니다. 그것은 돌돌 말린 아주 작은 쪽지였습니다. 거기에는 작은 글씨가 적혀 있었습니다. 눈을 크게 뜨고 초점을 모으고 그 글씨를 읽었습니다.

"쉐마 이스라엘!"

거기에 적혀 있는 것은 바로 신명기 6장 4-5절 말씀이었습니다. '쉐마 이스라엘'은 '이스라엘아, 들으라'라는 말입니다. "이스라엘아, 들으라. 우리 하나님 여호와는 오직 유일한 여호와이시니, 너는 마음을 다하고 뜻을 다하고 힘을 다하여 네 하나님 여호와를 사랑하라"(신 6:4-5).

그 말씀은 '네 목숨을 지켜주겠다'는 말씀이 아니었습니다. 절망조차도 남아 있지 않은 상황, 인간이 내려갈 수 있는 가장 낮은 지옥과 같은 상황에서, 마음과 뜻과 힘을 다하여 하나님을 사랑하라는 말씀입니다.

"네? 내 몸 하나 지탱하기도 힘든 지옥에서 나를 구해주신다는 말씀이 아니라, 마음과 뜻과 힘을 다해서 하나님을 사랑하라고요?" 이런 생각이 들지 않으십니까? 작은 어려움에도 금방 '하나님이 정말 살아 계시기나 한 거야?'라는 말이 불쑥 튀어나오고, 험악한 일이라도 생기면 '하나님이 이런 불의를 보고도 침묵하시는 이유가 도대체 뭐야?'라는 생각이 드는 우리로서는 이해하기 힘든 명령입니다. 사랑의 하나님은, 우리를 사랑하시는 것이 아니라 우리의 사랑을 받고 싶어 안달하시는 분 같습니다.

그런데 그 글을 읽는 순간, 빅터 프랭클 박사의 눈에서는 왈칵 눈물이 솟았고 목이 메었습니다. '쉐마 이스라엘', '이스라엘아, 들으라'는 뜻입니다. 여호와 하나님의 음성이 들리는 듯했습니다. 마치 하나님께서 이곳에 오셔서 그를 품에 안으며 친히 말씀하시는 것 같았습니다.

　빅터 프랭클 박사는 그날부터 하나님을 사랑하기로 마음먹었습니다. 자꾸만 밑바닥으로 떨어지는 마음을 하나님께 집중하였습니다. 때로는 앞에 닥친 상황이 너무나 아프고 힘들어 울면서 하나님을 사랑할 수 있는 마음을 달라고 애원하였습니다. 며칠이나 지났을까? 힘든 노동과 형편없는 식사, 뼛속까지 파고드는 추위와 허기, 그 와중에 놀랍게도 프랭클 박사의 눈에 사람들이 보이기 시작했습니다.

　곧 쓰러질 것 같은 비쩍 마른 한 노인이 자기에게 할당된 작은 빵 덩어리를 다른 사람에게 나누어주고 있었습니다. 다들 자기 배를 채우기에 급급한 상황에서 그 모습은 참으로 경이로운 것이었습니다. 어떤 사람은 그 지옥과 같은 상황에서도 농담을 하여 주위 사람들을 웃게 만들었습니다. 더욱 놀라운 것은, 어떤 사람이 뻔히 죽을 줄 알면서도, 병에 걸려 죽어가는 사람을 대신하여 가스실로 가는 것이었습니다.

　반면, 건장한 젊은이라도 수용소로 온 지 얼마 되지 않아서 제풀에 시름시름 앓다가 죽어갔습니다. 어떤 사람은 남의 빵을 훔치다가 벌로 모든 사람이 그나마 형편없는 저녁식사조차 하지 못하게 만들었습니다. 같은 유대인이면서도 독일군에게 빌붙어 동료를 밀고하여 남보다 조금 나은 식사를 받고는 의기양양해하는 사람들도 있었습니다.

'무엇이 사람들을 저렇게 만드는 것일까?', '어떤 사람에게는 인간의 존엄성과 품위를 유지하게 하고, 어떤 사람들은 더욱 비열하게 만드는 저 힘은 과연 무엇일까?'

빅터 프랭클 박사는 그 힘을 연구하기 시작하였습니다. 그리고 찾아낸 것이 바로 '삶의 의미'입니다.

진정한 삶의 의미를 찾은 사람은 어떤 상황에서도 남을 도우며 격려하고 기꺼이 자신의 것을 내어주었습니다. 삶의 의미를 알지 못하는 사람은 그저 상황에 휘둘리며 죽어가거나, 비열한 웃음과 아부로 독일군에게 빌붙어서 그나마 얻은 권한을 불쌍한 동료들에게 독일군보다 더 포악하게 행사하였습니다.

프랭클 박사는 죽음의 수용소에서 기적적으로 살아났습니다. 그가 죽기 전에 제2차 세계대전이 끝났기 때문입니다. 이후, 프랭클 박사는 그곳에서의 경험을 바탕으로 '로고테라피 logotherapy' 즉 '의미 요법'을 창안하여 수많은 사람들을 살려냈습니다.

'의미 요법'의 핵심은, 사람을 살리는 것은 건강이나 돈이 아니라 '의미 logos'라는 것입니다. '참 의미'를 찾은 사람만이 진짜 삶을 건강하게 살아갈 수 있습니다. 참 의미를 찾지 못한 사람들은 실존적 공허에 휘둘리며 살다가 사라져버립니다. '실존적 공허'는 불안과 권태를 시계추처럼 오가는 삶을 말합니다.

살아가는 데 필요한 것이 부족하면 사람은 '불안'을 느낍니다. 그런데 뜻밖에도 의식주가 충족된 사람들은 불안과 두려움 외에도 한 가지를 더 느끼는데, 그것은 바로 '권태'입니다. 그들은 새로운 자극을 찾아서 이리저리 방황합니다. 그래서 세계에서 가장 자살률이 높은 나라는 놀랍게도 지상 낙원이라는 스웨덴과 노르웨이입니다. 풍요 가운데 삶의 진정한 의미를 찾지 못해서 많은 사람들이 스스로 목숨을 끊는 것입니다. 풍요에 비례하여 자살률이 높아지는 현대에 '참 의미'를 찾는 일은 가장 시급한 일이 되었습니다.

성경은 구약 23,144개, 신약 7,935개의 구절로 이루어진 책입니다. 모두 31,079개의 구절 중에 가장 중요한 구절은 무엇일까요?

바로 신명기 6장 4절 말씀입니다. "우리 하나님 여호와는 오직 하나인 여호와시니 너는 마음을 다하고 뜻을 다하고 힘을 다하여 네 하나님 여호와를 사랑하라."

이 명령에 하나님께서는 다음과 같은 구체적인 명령을 덧붙이셨습니다.

"이 말씀을 네 마음에 새겨라."

"이 말씀을 네 자녀에게 부지런히 가르쳐라."

"이 말씀을 집에 앉아 있을 때에든지, 길을 갈 때에든지, 누워 있을 때에든지, 일어날 때에든지, 강론하라."
"이 말씀을 네 손목에 매어 기호를 삼으라."
"이 말씀을 네 미간에 붙여 표를 삼으라."
"이 말씀을 네 집 문설주와 바깥문에 기록하라."
언제 어느 때든지 하나님을 사랑하는 것은 정말 중요한 것인가 봅니다.

어떤 사람이 자신을 사랑하는 것이 가장 중요한 일이라고 말한다면, 그는 정신이 나갔거나 독재자일 것입니다. 독재자들은 자신을 반대하는 사람들은 숙청하고, 지지하고 따르는 사람들에게는 보상합니다. 이런 관점에서 자신을 가장 사랑하라는 하나님의 명령을 이해함으로써 기독교의 본질을 잃게 되고, 교회가 지도자들에 의해 타락함을 잊지 말아야 합니다.

하나님은 인간이 아니십니다. 하나님의 생각은 동에서 서가 먼 것처럼 인간의 생각과 전혀 차원이 다릅니다. 무엇보다도 하나님은 '자존하시는 분'입니다. 인간처럼 다른 존재에 의존하는 존재가 아닙니다. 인간은 다른 사람들의 지지와 사랑에 의존하지만 하나님은 우리의 사랑과 충성이 필요한 분이 아니십니다.

그런데 왜 하나님은 연약하고 어리석은 우리에게 이런 명령을 하신 것일까요?

 마음과 뜻과 목숨을 다하여 하나님을 사랑한다는 것은, 내 자신이나 그 어떤 것보다 하나님을 중요하게 생각한다는 것입니다. 이를 사도 바울은, "살든지 죽든지 내 몸에서 그리스도가 존귀하게 되게 한다"(빌 1:20)는 말로 바꾸었습니다.

 내 몸에서 그리스도가 존귀하게 된다는 것은 어떤 의미일까요?

 45세의 이서진 씨는 소설《강변에 서다》로 2010년 심훈 문학상을 수상하였습니다. 이서진 씨는 전신마비 장애인입니다. 25년 전, 스무 살 꽃다운 나이에 그만 교통사고를 당해 온 몸이 마비되었습니다. 삶의 의욕을 잃고 식음을 전폐하며 죽기만을 기다렸습니다.

 그러던 어느 날 밤, 혹여 딸이 들을까 봐 소리 죽여 밤새 우시는 어머니를 보고 자신의 장애를 받아들이기로 하였습니다. 그러나 자신이 할 수 있는 것은 보고 듣고 말하고 생각하는 것뿐, 무엇을 할 수 있을까 궁리하다가 시작한 것이 독서였습니다. 입원해 있던 2년 반 동안 하루 15시간씩 죽기 살기로 책을 읽었고, 그 이후 10년 내내 책을 읽었습니다. 그러다가 어느 날 문득 바깥세상이 궁금해졌습니다. 그리고 시작한 것이 컴퓨터통신이었습니다.

 그녀의 글은 자신도 모르는 사이에 내공이 깊을 대로 깊어진 터,

그녀의 글을 읽고 한 남자가 관심을 보였고, 만나자는 제의를 해왔습니다. 자신이 전신마비 장애인임을 밝히며 거절했으나 그 남자는 끈질겼습니다. 영화 같은 사랑 끝에 서진 씨는 이현수 씨와 결혼까지 하였습니다. 그리고 남편의 격려에 힘입어 소설을 쓰기 시작했고 이제는 전업 작가로 신나게 살아가고 있습니다. 그녀는 입에 문 나무 막대로 글을 씁니다.

전신마비 장애인 이서진 씨 안에서 문학이 존귀하게 되었고, 문학 안에서 전신마비 장애인 이서진 씨가 존귀하게 되었습니다. 존귀하게 된 이서진 씨의 가치를 이현수 씨가 알아보았고, 두 사람은 행복하고 존귀한 삶을 살아갑니다. 내 안에서 그리스도(하나님)가 존귀하게 되는 것도, 그 원리는 전혀 다르지 않습니다.

인간이 클까요, 문학(예술)이 클까요? 인간이 예술을 창조하지만, 예술은 인간을 창조해냅니다. 예술은 언제나 인간 너머에 있습니다. 또한 예술은 연약한 인간과는 달리 어떤 경우에도 이기적이지 않습니다. 예술을 추구하는 것은 곧 예술을 존귀하게 만드는 것이며, 그 일을 하는 사람들의 삶도 따라서 존귀하게 됩니다.

하나님은 그 어떤 인간보다도, 소설이나 예술보다도, 그 어떤 것보다도 크신 존재이며, 절대로 이기적이지 않습니다. 그래서 하나님을 내 안에서 존귀하게 만드는 사람은 하나님 안에서 존귀하게 됩니다.

빅터 프랭클 박사는, 아우슈비츠에서 기적적으로 살아남은 후 쓴 저서 《죽음의 수용소에서》를 이렇게 끝맺습니다.

> 지옥과 같았던 이 모든 것이 끝났습니다. 언젠가는 이 기억도 한낱 악몽에 지나지 않았다고 담담히 고백할 때가 올 것입니다. 그러나 영원히 남을 단 한 가지, 그것은 하나님을 경외하는 마음입니다.

무엇에 절망하고 있습니까?
무엇을 걱정하고 있습니까?
무엇을 얻기를 바라고 있습니까?
모든 것을 십자가 아래 내려놓고 십자가를 통하여 부르시는 하나님의 사랑을 보십시오. 그 사랑을 받아들이십시오. 그리고 온 몸과 마음과 정성을 다하여 주 우리 하나님을 사랑하십시오. 하나님을 경외하십시오.

우리 마음을 한 번 생각해보십시오. 사랑하는 것도 힘들지만, 상대방의 사랑을 받아들이는 데도 얼마나 많은 조건이 붙습니까? 우리는 "딴 건 다 좋은데 키가 너무 작아"라고 말하곤 합니다.

몸과 마음과 뜻과 목숨을 다하여 하나님을 사랑하라는 말씀은, 아무 짝에도 쓸모가 없는 병든 몸, 자포자기한 마음, 까다로워 남들이 싫어하는 성품이라도 언제나 기꺼이 받으시겠다는 뜻이기도 합니다. 사람들은 그런 상태를 절대 사절하지만 하나님은 그 어떤 것도 받아주십니다.

우리 하나님은 상한 갈대도 꺾지 않으시고 꺼져가는 등불도 끄지 않으십니다. 살려달라고 다가오는 모든 사람의 꺾어진 마음을 다시 회복시키시며, 꺼져가는 불을 다시 활활 타오르게 하십니다. 하나님의 사랑을 거부하는 이스라엘 백성에게 하늘의 문을 닫으시면서도, 구약의 마지막 선지자 말라기를 보내 말씀하십니다. "내 이름을 경외하는 너희에게는 공의로운 해가 떠올라서 치료하는 광선을 비추리니, 너희가 나가서 외양간에서 나온 송아지같이 뛰리라"(말 4:2).

'사랑'과 '삶'과 '사람'과 '살림'은 모두 '살리다'라는 같은 어원에서 나왔습니다. 다 같은 말입니다. 사랑으로 살아가는 존재가 곧 사람입니다. 하나님께서 온 몸과 마음과 정성을 다하여 하나님 여호와를 사랑하라 명령하신 이유는, 살아가는 힘은 사랑에서 오는 것이기 때문입니다. 하나님을 가장 사랑하십시오. 그 힘으로 내 자신과 이웃을 살리십시오.

7강 | 신명기 6:20-25

네 아들이 네게 묻거든

우리도 이제는 하나님과 성경을 최우선으로 생각하며 살아야 합니다. 그러면 자연히 자녀들에게도 하나님과 성경을 최우선으로 가르치게 될 것입니다.

신명기 7강

"엄마, 다음에는 뭘 해야 돼?"

인구에 회자되는 유명한 질문입니다. 서울 강남에 사는, 하버드 대학에서 박사 학위를 받고 귀국한 아들이 엄마에게 했다는 질문입니다. 철저한 진학 지도를 받으며 일류 고등학교와 일류 대학을 거쳐 하버드 대학에서 박사 학위까지 받았으나, 그 다음에는 무엇을 해야 할지 모르는, 요즈음 자녀들의 현주소를 알려주는 서글픈 이야기입니다.

오늘 본문은 이렇게 시작합니다. "후일에 네 아들이 네게 묻기를, 우리 하나님 여호와께서 명령하신 증거와 규례와 법도가 무슨 뜻이냐 하거든"(신 6:20).

자녀가 묻습니다. "아빠, 인생이 뭐예요? 어떻게 살아야 하는 거예요?" "엄마, 어떻게 사는 것이 제대로 잘 사는 건가요?"

그러면 무엇이라고 대답하시겠습니까? 부모로서 그에 대한 대답도 대단히 궁색합니다. 더 심각한 것은, 자녀들이 절대로 그런 질문을 하지 않는다는 것입니다. 사실 이런 질문을 하는 자녀는 이미 걱정할 것이 없습니다. 더욱이 기독교에 대하여, 하나님 말씀의 뜻에 대하여 묻는 자녀들은 희귀한 존재입니다.

"우리 아이들은 그런 것을 묻지 않는걸요." 이것이 우리 대부분의 반응일 것입니다. 그런데 왜 우리 자녀들은 그런 질문을 하지 않는 것일까요?

자녀들은 부모를 통하여 인생관, 가치관, 삶의 태도 등을 배웁니다. 부모가 중요하게 여기는 것을 자녀들도 중요하게 여기게 됩니다. 우리가 하나님의 말씀과 법도를 소중하게 생각하고 관심을 가진다면 자녀들도 그럴 것이며, 당연히 그에 대해 질문할 것입니다.

그런데 우리 부모들이 그렇게 하지 않았고, 또한 하나님이나 교회에 대해서 질문할라 치면 냅다 소리를 질렀을지도 모릅니다. "몰라도 돼! 공부나 해!"라고.

부친이 평생 목회를 하셨고, 어린 시절부터 교회에서 살다시피한 저도, 부모님으로부터 너무 교회 일에만 빠져 있다고 야단을 종종 맞았고, 고3 때는 주일 예배만 드리고 곧장 집으로 와야 했습니다.
 그런데 모세는 우리 자녀들이 그런 질문을 하도록 만들어야 한다고 당부합니다.
 어느 날 대학 동창들과 거의 20년 만에 만나 저녁식사를 하였습니다. 즐겁게 식사를 하던 중 휴대폰 벨이 울려 받아보니 군대에 간 아들로부터 온 전화였습니다. 한참 동안 이야기를 나누었습니다. 무슨 전화를 그리 오래 받느냐고 친구들이 핀잔을 주었습니다. 통화를 마치자 친구들이 물었습니다.
 "누구야?"
 "으응, 군대 간 아들놈."
 "무슨 신앙상담을 해주는 것 같던데."
 그렇다고 대답하자 친구들이 이구동성으로 이렇게 말했습니다.
 "너는 자녀 교육에 성공했구나."
 성년이 된 자녀들과 5분 이상 대화를 나눈 적도 없으며, 더욱이 신앙은 대화 주제로 삼아본 적이 없다는 것입니다.
 저는 자녀 교육에 성공했는지 전혀 확신이 없습니다. 과연 내 자식들이 하나님의 뜻에 합당한 삶을 살까? 현재 대답은 '전혀 아니올시다' 입니다. 대학을 졸업했는데도 자기 앞가림조차도 제대로 하지 못하고 있기 때문입니다.

  하지만 계속 하나님께 소망을 걸어보려고 합니다. 제가 자식들에게 입버릇처럼 해온 말은, "언제 효도를 하라고 했느냐, 공부를 잘하라고 했느냐? 그렇게 해서 하나님께 영광을 돌릴 수 있겠느냐?"입니다. 현재 살고 있는 모습이 과연 하나님께 영광을 돌리는 삶인지 늘 점검하라는 주문입니다. 아들놈의 평생 숙제는 전공인 일렉트릭 기타로 하나님께 영광을 돌리는 것입니다.

  모세는 이스라엘의 자녀들은 당연히 그런 질문을 할 것이라 예상하고 있습니다. 이스라엘의 부모들이 하나님과 성경을 최우선으로 생각하였다는 증거입니다.

  우리도 이제는 하나님과 성경을 최우선으로 생각하며 살아야 합니다. 그러면 자연히 자녀들에게도 하나님과 성경을 최우선으로 가르치게 될 것입니다.

  절대로 늦지 않았습니다. 아브라함은 75세 때 처음으로 하나님에 대해서 들었으니까요. 초조해하지도 마십시오. 잠자는 미국을 깨웠던 무디 목사는 무신론자요 망나니였던 장남의 신앙을 위해 기도했습니다. 그러나 아들은 교회로 돌아오지 않았습니다. 그러다가 정말 행복하게 죽는 아버지의 모습을 보고 마침내 교회로 돌아와 아버지의 뒤를 잇습니다. 죽을 때 무디 목사가 한 말은, "나를 잡지 말아라. 천국 문이 열리는 것이 보인다"였습니다.

성경으로 다시 돌아가봅시다. 하나님께서는 자녀들의 질문에 대해 어떻게 대답할 것인지 모세를 통하여 가르쳐주십니다.

"너는 네 아들에게 이르기를, 우리가 옛적에 애굽에서 바로의 종이 되었더니 여호와께서 권능의 손으로 우리를 애굽에서 인도하여 내셨나니, 곧 여호와께서 우리의 목전에서 크고 두려운 이적과 기사를 애굽과 바로와 그의 온 집에 베푸시고"(신 6:21-22).

하나님께서는 권능의 손으로 '백성들이 보는 앞에서' 크고 두려운 이적과 기사를 베푸시고 이스라엘 백성을 구원하셨습니다. 열 가지 재앙으로 세계 최강의 권력과 세계 최고의 부를 날려버리셨습니다. 그러고는 홍해를 가르시고, 땅처럼 걸어 건너가게 하셨습니다. 다 건너간 다음에는 다시 바다를 닫으셨습니다. 이 모두를 온 백성이 보는 앞에서 행하셨습니다. 파라오의 노예로 보낸 시절과 완전히 결별하라는 뜻입니다. 사탄의 노예 신분을 벗어버리라는 것입니다.

부모는 자신의 경험을 바탕으로 자녀들을 가르칩니다. 그런데 그 경험은 어떤 경험입니까? 혹시 파라오의 종으로, 사탄의 노예로 살아가던 경험은 아닙니까? 혹시 금송아지에게 절을 하던 경험은 아닙니까?

세상을 살아가는 데 가장 중요한 세 가지를 꼽으라면, 하나님을 가장 사랑하는 '신앙'과 평생 동안 즐겁게 일할 수 있는 '직업'과 안정되고 행복한 '결혼'입니다. 그런데 이 모든 것의 바탕은 신앙심입니다. 하나님을 가장 사랑하는 마음입니다. 이것이 기초가 되어야 합니다. 신앙심 없이는 이 세상의 그 어떤 영광과 권세를 얻었더라도, 파라오의 종, 사탄의 노예로 사는 대가일 뿐입니다. 그러므로 하나님에 대하여 가르치지 않는다면, 자녀에게 또다시 '사탄의 노예가 되어서 살아라. 그게 최고란다'라고 가르치는 것과 전혀 다를 바 없습니다.

자녀에게 가장 먼저 가르쳐야 하는 것은 '하나님 체험'입니다. 하나님 체험을 가르치기 위해서는 부모가 먼저 하나님 체험을 해야 합니다. 하나님 체험은 방언이나 입신과 같이 온 몸이 뜨거워지는 체험을 말하는 것이 아닙니다. 일상생활에서 매사를 하나님 중심으로 살아갈 때에 진정한 하나님 체험을 할 수 있습니다.

'예수님이라면 어떻게 하셨을까?' 문제에 부딪힐 때마다, 결정을 내려야 할 때마다 그렇게 물어야 합니다. 날마다 묵상과 기도로 하나님의 임재를 체험해야 합니다.

두 번째로 자녀에게 가르쳐야 하는 것은 '하나님의 규례'입니다. 하나님께서 모세를 통하여 말씀하십니다. "여호와께서 이 모든 규례를 지키라 명하셨으니"(신 6:24).

자녀들에게 여호와의 규례를 가르쳐야 합니다. 한민족이 대대로 조상들께 제사를 지내면서 자녀들에게, 특히 맏아들과 장손에게 제사의 법도와 규례를 가르쳤듯이, 마땅히 우리 자녀들에게 하나님의 말씀과 규례를 가르치셔야 합니다. 왜 그렇게 해야 할까요? "이는 우리가 우리 하나님 여호와를 경외하여 항상 복을 누리게 하기 위하심이며, 또 여호와께서 우리를 오늘과 같이 살게 하려 하심이라"(신 6:24).

우리가 섬기는 하나님은 살아 계신 하나님이십니다. 그분을 체험해야 하고, 그분의 법도와 규례를 배우고 가르쳐야 하는 이유는 영원한 하나님의 복을 누리기 위해서입니다.

- 나의 사명은 세계 일류 건축 설계자인 동시에 디자이너 및 교수가 되어서 21세기에 필요한 최첨단 청소년 복지시설을 세우는 것입니다.
- 나의 사명은 유능하고 성실한 의사가 되어서, 지구촌의 어려운 곳을 찾아다니며 소외되고 가난한 사람들의 상처를 돌보는 것입니다.

듣기만 해도 마음이 훈훈해지는 글입니다. 이 글은 비전 스쿨을 마친 고등학교 2학년 학생들이 쓴 비전 선언문입니다. 이런 구체적인 사명을 부모님과 선생님들 앞에서 밝힌 청소년들은 지금도 열심히 그 비전을 이루기 위한 준비에 몰두하고 있습니다. 우리 자녀들도 이런 구체적인 비전을 갖고 매진한다면 정말 뿌듯할 것입니다.

《아들아, 머뭇거리기에는 인생이 너무 짧다》라는 책을 쓴 강헌구 박사는 서울과 수원 지역에서 '비전 스쿨'을 운영하고 있습니다. 이 학교는 일종의 방과후 학교로서, 고등학교 1, 2학년 학생들이 매주 토요일 저녁에 모여 두 시간씩 공부하고 있습니다.

이 학교에서 가르치는 내용은 '비전을 갖는 방법', '비전을 간직하고 이루는 방법' 등입니다. 구체적인 수업 내용은 '나는 누구인가?', '공부는 왜 하는가?', '오늘의 꿈, 내일의 현실', '비전의 힘과 역동성 자기 지도', '자기 건축' 등과 같이, 모두 비전을 형성하고 관리하는 방법에 관한 것입니다.

학생들은 9월에 입학하여 25주간의 수업을 받은 후 졸업을 하는데, 일주일에 두 시간씩 진행되는 수업 중에 한 시간은 각 분야 전문가들의 강좌를 듣고, 30분 동안은 한 주간의 반성, 30분은 강의 내용에 대한 워크숍을 합니다. 이렇게 훈련을 받은 학생들은 졸업식에서 각자 자기의 비전과 평생 사명이 무엇인가를 밝히는 사명

선언식을 갖게 됩니다.

  비전은 영혼을 깨우는 소리이며 영혼을 밝히는 빛입니다. 이 소리에 귀를 기울이는 사람, 이 빛을 바라보는 사람은 또 다른 소리가 되고 빛이 됩니다. 그래서 다른 사람들을 깨우고 인도하는 영적 지도자가 됩니다. 이런 사람을 가리켜 꿈꾸는 자, 비저너리visionary라고 부릅니다.

  슈바이처 박사는 독일의 부유한 귀족 가문에서 태어났습니다. 21세 때, 그는 타인을 위하여 봉사하는 삶을 살겠다고 결심합니다. 서른 살에 그는 이미 유능한 신학교수요, 유명한 오르간 연주가였습니다. 그러나 이 모든 기득권과 기회를 미련 없이 버리고 늦은 나이에 의과대학에 입학을 합니다. 9년 동안 각고의 노력을 한 끝에 의사자격증을 취득한 그는 아프리카의 오지 람바르네로 가서 수많은 흑인 원주민을 살렸습니다.

  미국의 앤드류 멜런 은행, 멜런 석유, 멜런 알루미늄 회사의 상속자인 래리 멜런Larry Mellon은 1947년 〈라이프〉지에서 슈바이처 박사에 관한 기사를 읽었습니다. 당시 멜런의 나이는 37세였습니다. 그 기사를 읽으며 멜런의 가슴은 형용할 수 없는 감동으로 벅차올랐습니다. 슈바이처를 통하여 자신이 이루어야 하는 비전을 본 것입니다.

멜런은 즉시 의과대학에 입학하였습니다. 남편이 공부하는 동안, 아내 그웬은 병원을 지었습니다. 졸업 후, 멜런 부부는 함께 아이티의 아티보니트Artibonite 계곡으로 떠났습니다. 그곳에는 작은 보건소가 하나 있을 뿐이었습니다. 멜런은 그곳에 새로 지은 병원을 알버트 슈바이처 병원이라고 명명하였습니다. 이 일이 세상에 알려지자 수많은 자원봉사자들이 줄을 이었습니다. 1960년 이후, 그는 다른 사람에게 병원 일을 맡기고 질병퇴치 활동에 전념하였습니다. 12년에 걸쳐 아이티 지역에 수많은 위생시설들을 마련하여, 그 지역의 사망률과 질병률을 현저히 낮추었습니다. 그는 79세를 일기로 행복하게 하나님께로 돌아갔습니다.

우리는 모세가 역사와 사건을 통하여 경험한 하나님에 대해서 말하고 있음을 주목해야 합니다. 종교 행위를 통한 하나님에 대해서는 결코 아무 말도 하지 않습니다.

예수님의 생애를 기록한 복음서도 예수님의 종교 행위에 대해서는 극도로 말을 아끼고 있습니다. 예수님께서 방언을 하셨다거나 입신을 하셨다는 기록은 전혀 없습니다. 그 대신 일상에서 행하신 사랑에 대한 기록으로 가득 채워져 있습니다. 있다면 홀로 기도하러 가셨다는 두어 번의 기록이 전부입니다.

결코 종교 행위의 중요성을 폄하하려는 것이 아닙니다. 열심히 기도하고 성경을 읽고 예배에 정진하셔야 합니다. 그러나 그 모든 것은 일상의 삶에서 예수님을 닮고 따르려는 여정의 일환일 뿐이라는 것입니다.

히브리어에서 기도와 노동은 동의어입니다. 같은 뿌리에서 나왔습니다. 오늘날 많은 교회에서 기도를 강조합니다. 심하게 말하면, '기도를 노동처럼 열심히 하면 노동 없이도 잘 산다'고 가르치는 것 같습니다. 잘못된 가르침입니다. 노동을 기도처럼 해야 합니다. 노동에서 하나님의 뜻이 자연스럽게 드러나게 해야 합니다. 그래서 기도와 노동은 동의어입니다.

예수님은 섬김의 대상으로 오신 것이 아니라 우리의 롤 모델로 오셨습니다. 육체를 가진 우리가 영이신 하나님께 어떻게 반응하여야 하는지를 몸소 보여주셨습니다. 그래서 수차례에 걸쳐 예수님 스스로 행동하시는 것이 아니라 아버지 하나님의 뜻에 의해서 행동하신다(요 8:28)고 천명하셨고, 늘 '나를 따르라'(요 12:26)고 강조하셨습니다.

예수님은 종교성을 추구하지 않으셨습니다. 대신 하나님과 교감하며 하나님의 사랑을 실천하는 영성을 추구하셨습니다. 바리새인들이 목숨을 걸었던 종교성은 자신들과 사람들을 죽였으나 예수님의 영성은 다른 사람들을 살렸고, 오고 오는 모든 세대에게 하나님의 꿈을 꾸게 하였습니다. 하나님의 꿈을 꾸게 하고 그 꿈을 일상의 삶에서 실현하게 하는 것이 기독교의 본질입니다.

신명기 7:1-11 | **8**강

너는 하나님의 성민

하나님께서 나를 부르신 이유와 과정을 똑바로 이해하고, 늘 겸손해야 합니다. 그리고 올바른 정체성과 거룩한 성숙을 이루어 세상을 설득하는 힘을 가져야 합니다.

신명기 8강

눈에 뵈는 완장은 기중 벨 볼 일 없는 하빠리들이나 차는 게여! 진짜 배기 완장은 눈에 뵈지도 않어! 권력 중에서 아무 실속 없는 놈들이 흘린 뿌시레기나 주워 먹는 핫질 중에 핫질이 바로 완장인 게여!

윤흥길의 소설 《완장》에 나오는 대사입니다. 술집 여자 부월은, 임종술이 저수지 관리인의 완장을 찬 후 보이는 한심한 작태에 대해 이렇게 소리쳤습니다.

땅 투기로 돈을 벌어 기업을 세운 최 사장은 김제 평야 한 귀퉁이에 있는 저수지 사용권을 얻어 양어장을 만들고 그 관리를 동네 건달 종술에게 맡깁니다. 종술은 시원찮은 급료에 처음에는 시큰

둥하다가, 완장을 차게 해준다는 말에 귀가 번쩍 트여 관리인이 됩니다.

완장을 찬 후 종술은 돌변하는데, 팔에 두른 비닐 완장이 더없이 큰 권력으로 다가왔던 것입니다. 그는 낚시질하는 도시 남녀에게 기합을 주고, 고기를 잡던 초등학교 동창에게 폭행도 서슴지 않습니다. 읍내에 갈 때에도 어김없이 그 노란 완장을 팔에 두르고 갑니다. 마침내 자신을 고용한 최 사장 일행의 낚시질을 금지하는 데까지 이르자 종술은 해고되고 맙니다.

그러나 해고에도 아랑곳하지 않고 저수지를 지키는 일에 몰두하던 종술은, 가뭄 해소책으로 물을 빼야 한다는 수리 조합 직원과 경찰과 충돌하게 됩니다. 열세에 몰린 그는 마침내 '완장의 허황됨'을 일깨우는 부월의 충고를 받아들입니다.

작은 감투라도 쓰면 세상을 제 마음대로 할 수 있다는 망상에 빠지곤 하는 이들에게 경종을 울리는 이 작품의 메시지는 지금 우리 모두에게도 유효합니다.

해마다 포항에서는 한 차례씩 곤혹을 치르곤 합니다. 풍어제를 시민 축제로 치르는데 기독교 인사들이 풍어제는 미신이라며 반대 시위를 하기 때문입니다. 사찰에 들어가 불상을 훼손하고 성당에

불까지 지르는 일은 오래 전부터 다반사로 일어났으며, 얼마 전에는 한 무리의 목사가 종로 조계사에 들어가 불교는 반드시 없어져야 한다고 소란을 피우다가 경찰에 연행된 일도 있습니다.

그런 일들을 보면서 늘 생각나는 것은 '완장'입니다.

하나님께서 430년간 이집트에서 종살이하던 이스라엘 백성을 택하신 이유를 모세는 다음과 같이 말합니다. "이는 우리가 우리 하나님 여호와를 경외하여 항상 복을 누리게 하기 위하심이며, 또 여호와께서 우리를 오늘과 같이 살게 하려 하심이라"(신 6:24).

이스라엘 백성의 적은 숫자만을 언급하는 것이 아닙니다. 다방면에서 가장 시원찮은 존재이기 때문에 택하셨다는 것입니다.

"여호와께서 다만 너희를 사랑하심으로 말미암아…자기의 권능의 손으로 너희를 인도하여 내시되"(신 7:8).

그런데 가장 시원찮은 존재를 구원하여 인도하신 이유는 바로 '사랑'이라는 것입니다.

이 말씀을 읽으며 외할머니 생각이 났습니다. 외할머니는 모두 12명의 자녀를 낳으셨는데, 저의 어머니는 맏이, 막내 이모는 제 누님과 동갑입니다. 외할머니는 그 중 두 명을 잃으셨습니다. 그렇게 많은 자녀를 낳으시고도 먼저 간 두 자녀를 생각하며 마음 아파하셨습니다. "아니, 자녀가 그렇게 많은데 먼저 간 두 명이 그렇게 불쌍해요?"라고 반문할 사람은 아무도 없습니다. 인간이라면 어머니의 사랑이 어떤 것인지 모두 잘 알고 있기 때문입니다.

외할머니는 생전에 늘 막내 이모를 걱정하셨습니다. 외할아버지가 돌아가셨을 때에도 아직 학교를 다니고 있었기 때문입니다. 막내 이모가 고등학교 3학년 때 외할머니께서 돌아가셨는데 그때도 분명 막내 이모를 가장 크게 걱정하셨을 것입니다.

종종 저는 교우들에게 이런 질문을 합니다. "여러 자녀들 중에 딱 한 명만 데리고 가라면 누구를 데려가시겠습니까?" 가장 시원찮은 자녀, 엄마가 없으면 제대로 살지 못하는 자녀를 데리고 갈 것입니다. 그것이 바로 사랑입니다. 그 사랑은 바로 하나님으로부터 나온 것입니다.

이스라엘을 택하신 하나님의 처사가 바로 그런 것입니다. 가장 시원찮은 존재이기에, 또 그래서 특별한 관심의 대상이기에 택함 받은 존재가 아버지를 등에 업고 세상을 휘두르려고 한다면 아버지는 기가 막힐 것이고, 세상 사람들은 손가락질을 할 것이고, 동네 송아지는 웃을 것입니다.

이스라엘 백성 중에도 하나님의 택함을 받은 특별한 지파가 있습니다. 바로 레위 지파입니다. 레위 지파가 택함을 받는 과정을 보면 우리 하나님은 참 재미 있는 분이시라는 것을 알게 됩니다.

시내 산 계약을 맺고 난 다음, 일 년 동안 시내 산 기슭에 모여서 성막을 짓고 십계명을 열심히 공부하였습니다. 제사장이 되기 위한 공부입니다. 공부를 마친 이스라엘 백성에게 하나님의 명령이 하달되었습니다. 각 지파 남자의 숫자를 계수하라는 명령입니다. 그래서 조사해서 하나님께 보고하였습니다.

이어서 두 번째 명령이 하달되었습니다. 각 지파의 각 가정에서 태어난 지 일 개월 이상 된 장남의 숫자를 계수하라는 명령입니다. 조사해보니 장남의 숫자는 모두 22,273명이었습니다(민 3:43). 하나님께서는 12지파의 머릿수 리스트를 쭉 살펴보셨습니다. 그 중 레위 지파의 숫자가 장남들의 숫자와 가장 비슷한 22,000명이었습니다.

하나님께서는 모세를 통해 다음과 같이 명령하셨습니다. "이스라엘 자손 중 모든 처음 태어난 자 대신에 레위인을 취하고 또 그들의 가축 대신에 레위인의 가축을 취하라. 레위인은 내 것이라. 나는 여호와니라"(민 3:45).

또 하나 재미있는 것은, 장남의 숫자와 레위 지파 남자 숫자에서 차이가 나는 273명에 대한 하나님의 조치입니다.

"한 사람에 다섯 세겔씩 받되 성소의 세겔로 받으라"(민 3:47).

한 사람당 5세겔로 계산하여 이 273명에 대한 몸값 1,365세겔을 대제사장인 아론에게 주게 하였습니다. 이것이 성전세의 시초입니다. 이 돈으로 성막(훗날에는 예루살렘 성전)을 유지 관리하였습니다.

이런 하나님의 처사를 보면서, 남의 집 장남을 마음대로 데려가고 게다가 한 푼도 손해 보지 않는 마을 최고의 부자인 악덕 고리대금업자를 떠올리는 사람들도 있을 것입니다.

그런데 그런 것이 절대로 아닙니다.

'장남은 내 것이라'는 하나님의 명령에 순종하여 장남을 하나님께 바치는 순간 우리는 하나님과 가족이 됩니다. 이스라엘 백성은 430년 동안 이집트에서 노예로 살았습니다. 그 이집트를 여지없이 무너뜨리신 여호와 하나님은 최강대국 이집트보다 강한 주인으로 보였습니다. 노예의 처지에서 그저 주인만 바뀌었을 뿐입니다. 하지만 장남을 바치라는 하나님의 명령은 '이제 너희들은 내 종이 아니라 내 사랑하는 자녀들'이라는 뜻입니다. 사람들의 노예에서 지고하신 하나님의 자녀가 된 것입니다.

자녀를 바치라는 소리에 다들 기겁을 하겠지만, 찬찬히 생각해 보십시오. 우리 자녀들을 누가 책임지고 잘 가르쳐 '올바로, 행복하고 풍족하게, 제 구실 다하며' 살게 해준다면 그보다 더 좋은 것이 없습니다. 그것도 공짜로 말입니다. 자녀를 그 집으로 보내는 것도 아닙니다. 자녀는 여전히 나와 함께 삽니다.

　장남이 태어난 지 일 개월 만에 반드시 하나님께 보내야 한다면, 모든 가정은 그때마다 깊은 슬픔과 걱정에 싸일 것입니다. "저 어린 것이 제대로 살까? 흑흑흑…" 그런데 장남들을 레위 지파로 대체하시면서 11지파도, 또 레위 지파도 모두 가족과 함께 살 수 있었습니다.

　그리고 각 가정마다 공평하게 5세겔씩 내게 하여 성막(성전)은 성막대로 잘 유지 관리할 수 있습니다. 참 절묘하기 그지없는, 게다가 너무나 '재미있는' 우리 아버지 하나님이십니다.

　그렇게 해서 레위 지파가 특별히 선택되어 하나님의 일을 수행하는 특별 임무를 맡게 되었습니다. 그들이 하는 일은 하나님의 법궤를 메고 이스라엘 백성의 선두에 서서 행진하며, 성막(성전)을 관리하고, 제사장직을 수행하는 것이었습니다.

　오늘날의 목사들은 레위 지파라고 할 수 있습니다. 불쌍한 영혼들을 위해 불철주야 수고하는 목회자들도 많지만, '주의 종님'으로 교인들 위에 군림하며 헌금을 임의로 유용하며 무소부위의 권력을 휘두르는 목회자들도 대단히 많습니다. 이에 대해 대형교회가 많은 지탄을 받지만 사실은 작은 교회 목회자들의 문제가 훨씬 더 심각합니다.

그런 행태를 볼 때마다 제 자신을 되돌아봅니다. 그러면서 사또가 탄 말을 끌고 가는 마부가 생각납니다. 사또 나리가 행차하시니 마을 사람들이 모두 머리를 조아립니다. 마부는 자신이 누구인지 알면서도 자기도 사람인지라 우쭐해집니다. 그런 일이 일상적으로 일어나니까 나중에는 자신이 뭐라도 된 양 착각하게 되고, '사또의 마부님'이 되어 마을 사람들 위에 군림합니다.

이는 요즈음에 국한된 문제가 아니라, 예수님 당시에도 심각하였습니다. 예수님의 성전척결을 생각해보십시오. 오죽 그 문제가 심각했으면 온유하신 예수님께서 채찍으로 성전 마당의 장사치들을 몰아내셨겠습니까?

그때 앞에서 언급한 '성소(성전)의 세겔'이 문제를 일으켰습니다. 세상 돈은 더럽다고, 또 당시는 로마 식민지 시대라 통용되는 동전에는 로마 황제의 초상이 새겨져 있으므로 하나님께 바칠 수 없다고 하여 다들 성전에 오면 성전 세겔로 바꿔서 성전세를 내야 했습니다. 환전 과정에서 제사장들과 레위인들은 폭리를 취했습니다.

제물로 바치는 짐승도 마찬가지였습니다. 사람들이 속죄 제물로 집에서 기르던 양을 가지고 오면 제사장들은 갖은 트집을 잡아 돌려보냅니다. 할 수 없이 성전 입구에서 파는 짐승들을 사서 제사를 드립니다. 사람들이 많은 고로 제사장들에게 사연을 말하고 제물을 놔두고 집으로 돌아갑니다. 제사장은 그 짐승들을 뒤로 빼돌려 성전 입구의 상인들에게 되팝니다. 이 사업은 너무나 수지 맞는 것이라 상인들은 제사장과 레위인들에게 뇌물을 주고 이권을 유지했습니다. 하나님의 성전이 불의가 가득한 '강도의 소굴'로 전락한 것입니다.

하나님께서 가장 시원찮은 이스라엘을 가장 사랑하여 그분의 성민聖民으로 삼으시고 명령을 내리십니다. "네 하나님 여호와께서 그들을 네게 넘겨 네게 치게 하시리니, 그때에 너는 그들을 진멸할 것이라"(신 7:2).

이 말씀으로만 보면, 무자비한 하나님이 아닐 수 없습니다. 그래서 마르키온 같은 사람들은, 구약의 하나님은 이렇듯 잔인하므로 '열등한 하나님'이라며 거부하고, 신약에 나타나신 예수 그리스도만을 '사랑의 하나님'으로서 참 하나님으로 받아들였습니다. 얼핏 보면 타당한 것 같으나, 마르키온은 이단으로 정죄되었으며, 그 무리는 얼마 못 가서 사라져버렸습니다.

여기에는 깊은 뜻이 있습니다. 당시 사람들이 전쟁을 할 때에는 가능한 한 많은 사람들을 살려두었고 특별히 여자와 어린아이들을 보호하였습니다. 그러나 결코 인도주의적인 차원에서 그런 게 아닙니다. 그들을 노예로 삼기 위해서였습니다.

당시 사람들은 오직 승리와 번영에 초점을 맞추었습니다. 그래서 더 많은 포로를 잡아들이고, 더 많은 배상금을 받아내기 위하여 언약을 맺고, 더 많은 노예들을 생산하기 위하여 그 땅의 여인들을 취하였습니다. 전쟁에서 승리할 때마다 군인들은 그 땅에서 결혼을 하고 아무런 거리낌 없이 이방신들을 받아들였습니다. 그 신들은 모두 '번영의 신'으로, 이왕이면 다홍치마라고 더 많은 신들을 섬길수록 더 많은 부를 얻는다고 여겼기 때문입니다. 절에 가서도 절하고, 김유신 장군에게도 절하고, 제갈공명 사당에서도 절하고, 고목古木에도 절하고, 바위에도 절하는 것과 전혀 다를 바 없습니다.

그러나 하나님의 관심은 다른 데 있습니다. 현재 하나님의 초점은 오직 하나, 이스라엘 백성의 성별, 거룩한 구별뿐입니다.

좋은 종자를 개발할 때를 생각해보십시오. 씨를 뿌리고 정성스럽게 키웁니다. 그럴 때, 곁에서 자라나는 잡초나 시원찮은 품종은 과감하게 솎아내야 합니다. 조금이라도 하자가 있는 것은 뽑아내고, 튼튼하게 자라는 것만 골라내어 다시 심고 정성을 기울입니다.

그렇게 몇 년에 걸친 반복된 작업을 통하여 최우수 품종이 개발됩니다. 하나님의 명령은 순수한 믿음의 품종을 키우기 위한 조치입니다.

광야에서 이미 수많은 이스라엘 사람이 죽었습니다. 하나님을 거역한 자들과 구세대입니다. 이제 남은 것은 하나님께 순종한 자들과 새로 태어난 신세대뿐입니다. 모두 우수한 품종입니다. 이제 가나안 땅에 들어가서 믿음의 종자들이 번창할 단계에 이르렀습니다. 그런데 가나안 땅에는 엄청난 번식력과 파괴력을 지닌 억센 잡초들이 산재해 있습니다. 그것을 모조리 뽑아내라는 것입니다. 튼튼하고 억센 남자 잡초는 물론, 아무리 연약해 보이는 여자 잡초, 아무리 작은 어린아이 잡초라도 "모두 진멸하라." 이것이 하나님 명령의 진정한 뜻입니다.

잡초를 없애는 구체적인 방법은, '어떤 언약도 그들과 맺지 말라', '그들을 불쌍히 여기지 말라', '그들과 어떤 경우에도 혼인하지 말라'는 것입니다.

이 명령에서 주의해야 할 내용이 있습니다.

"그가 네 아들을 유혹하여 그가 여호와를 떠나고 다른 신들을 섬기게 하므로, 여호와께서 너희에게 진노하사 갑자기 너희를 멸하실 것임이니라"(신 7:4).

하나님을 떠나도록 미혹한 그들을 멸하시는 것이 아니라, 미혹당한 이스라엘 백성들을 멸하실 것이라는 말씀입니다.

품종 개량을 하는데, 애써 가꾼 것 중에 시원찮은 것이 나왔습니다. 다 뽑아서 불태워버립니다. 도공들은 갓 구워낸 도자기에 우리 눈에는 보이지 않는 조그만 흠이 있어도 과감하게 깨뜨려버립니다. 잡초를 이방 민족이라고 하면, 잡초들과 어울리면서 열매를 맺지 못하는 이스라엘 민족을 어느 날 갑자기 하나님께서 멸하시겠다는 것입니다.

성도가 해야 할 일은 오직 하나뿐입니다. 이 일을 어찌 하나 하는 걱정이 아닙니다. 이기기 위한 고심도 아닙니다. 내가 가진 것을 자랑하거나 이만하면 되었다는 자족도 아닙니다.

그것은 오직 '거룩한 성숙'을 이루는 것입니다.

오늘날과 같은 다문화·다종교 사회에서 하나님의 명령을 문자 그대로 행했다가는 큰 코 다칩니다. 무엇보다도 기독교의 설득력을 상실하게 됩니다. 이미 기독교는 '개독교'로 불리고 있습니다.

하나님께서 나를 부르신 이유와 과정을 똑바로 이해하고, 늘 겸손해야 합니다. 그리고 올바른 정체성과 거룩한 성숙을 이루어 세상을 설득하는 힘을 가져야 합니다. 그 설득력은 우리가 받은 하나님의 사랑을 다시 세상을 향해서 베풀 때에만 생깁니다. 완장을 찬 종술이나 '사또의 마부님' 노릇을 그만두어야 합니다. 그런 일을 계속한다면 올챙이적 생각을 잊은 개구리마저 혀를 찰 것입니다.

신명기 7:12-21 | **9**강

너희 중에 계심이니라

오히려 작고 약하기 때문에, 무능하기 때문에 택하십니다. 이것이 하나님이 일하시는 방식이며, 하나님 사랑의 발로입니다.

신명기 9강

 '가난한 사람들은 게으르며, 돈을 꾸어주어도 갚지 않는다', '요즘 같은 세상에서는 정직이 통하지 않는다', '입이 작고 입술이 얇은 사람은 쫀쫀하다' 등등은 사실과는 전혀 관계없는 편견들입니다.
 지방색이라는 편견은 우리나라 사람들의 마음을 요지부동으로 사로잡고 있습니다.
 편견을 무너뜨리는 것처럼 어려운 일도 없을 것입니다.
 편견은, 근거가 없으면서도 그렇다고 철저히 믿는 신념입니다. 이런 편견들이 무서운 것은 가장 먼저 나를 옭아매는 올무가 되고 나아가서는 사람들 사이에 장벽을 만들고 부조리를 강화하여 아무런 일도 하지 못하게 하기 때문입니다. 그런데도 사람들은 한사코 편견 버리기를 거부합니다.

그런데 그 편견을 과감히 버림으로써 수많은 사람을 살린 이가 있습니다. 그 주인공은 '무하마드 유누스'라는 경제학자입니다. 그는 가난한 사람들을 위한 은행인 '그라민 은행'을 세워 위대한 일을 해낸 것입니다.

방글라데시는 세상에서 가장 가난한 나라입니다. 일인당 국민소득이 300달러도 되지 못하며, 인구의 70% 이상이 세 끼 밥도 제대로 먹지 못하는 절대빈곤층입니다. 문맹률은 자그마치 86%에 달합니다. 그런데 편견을 버린 한 경제학자에 의해서 200만 가구, 1,100만 명의 인구가 절대빈곤으로부터 탈출하였고, 잘 살게 된 사람들의 숫자는 점점 더 늘어나고 있습니다.

1974년 방글라데시에 큰 기근이 닥쳐 수많은 사람이 굶어죽었습니다. 길거리에는 죽은 사람, 죽어가는 사람들이 넘쳐났습니다. 미국에서 경제학 박사 학위를 받고 대학에서 가르치고 있던 유누스는, 자신이 가르치는 경제학이 아무런 힘이 없음에 큰 회의를 느끼고 거리로 나가 가난한 이들의 실태를 조사하였습니다. 그러고는 깜짝 놀라고 말았습니다.

그의 인생을 바꾼 사건은 조브라 마을에서 일어났습니다.

수피아라는 여인이 대나무 의자를 만들며 살아갑니다. 그 의자의 재료비는 5다카, 우리나라 돈으로 200원입니다. 하루 종일 만든 의자를 들고 200원을 빌려준 고리대금업자에게 가지고 가면, 수공비로 25원을 줍니다. 만일 의자를 만들지 못하면 한 달에 10%의 이자를 물어야 합니다. 수피아는 하루 종일 열심히 일하지만 끼니조차 제대로 잇지 못할 뿐만 아니라 빚에서 벗어날 수가 없었습니다.

유누스 박사가 조사해보았더니, 27달러, 우리나라 돈으로 3만여 원 정도의 돈이 없어서, 한 마을 전체인 42명이 모두 고리대금업자의 노예로 전락하여 살아가고 있었습니다. 그래서 그 돈을 고리대금업자에게 갚아주고, 마을 사람들에게 돈을 빌려주기 시작한 것이 그라민 은행의 시초였습니다.

그라민 은행은 일반적인 다른 은행과 정반대로 운영하고 있습니다. 담보가 없는 가난한 사람들에게만 돈을 빌려줍니다. 그리고 남자보다는 여자에게 대출을 해줍니다. 여자가 남자보다 더 약한 존재이기 때문입니다. 또 특이한 것은, 사람들이 은행을 찾아가서 돈을 빌리는 것이 아니라 그라민 은행 사람들이 가난한 사람을 찾아가서 돈을 빌려준다는 것입니다.

하에라 베굼이라는 여인은 집이 너무 가난하여 맹인에게 시집을

갔습니다. 그녀와 남편은 남의 집 허드렛일을 하였는데, 하루 종일 뼈가 빠지게 일을 하는데도 세 자녀를 학교를 보내기는커녕 세 끼 밥도 제대로 먹이지 못할 정도였습니다. 어느 날 그녀는 그라민 은행에 대한 이야기를 들었습니다. 그녀는 그라민 은행이 이슬람교를 말살하려는 조직이라는 편견에 사로잡혀 있는 남편 몰래 그라민 은행 설명회에 참가하였습니다. 은행 규칙과 운영방식에 대하여 설명을 듣고, 난생 처음으로 2,000다카, 우리나라 돈으로 6만 원을 융자받았습니다. 그 돈을 들고 하에라는 하염없이 눈물을 흘렸습니다.

하에라는 그 돈으로 송아지 한 마리를 샀습니다. 열심히 키워서 일 년 후에 원금을 갚았고, 두 번째 융자를 얻어 땅을 빌려 바나나나무 60그루를 심었습니다. 그리고 나머지 돈으로 송아지 한 마리를 더 샀습니다. 오늘날 하에라는 염소, 거위, 닭을 키우며 행복하게 살고 있습니다.

그녀는 이렇게 말합니다. "저희들은 요즈음 하루 세 끼를 다 먹어요. 아이들은 학교를 다니기 시작했답니다. 어떻게 해서든 중고등학교 대학교까지 보내어 저처럼 불행한 사람이 되지 않게 하겠어요. 저에게 그라민 은행은 어머니 같은 존재, 아니, 제 어머니예요. 새로운 생명을 주었거든요."

그라민 은행으로부터 돈을 대출 받기 원하는 사람은 반드시 설명회에 참여하여 교육을 받아야 합니다. 그 교육 내용은 매우 쉽고 간단하여 배우지 못한 가난한 사람들도 어렵지 않게 실천할 수 있습니다. '우리의 결심' 16가지의 일부입니다.

- 네 가지 원칙, 즉 규율, 단합, 용기, 실천을 생활 속에서 반드시 준수 실천한다.
- 야채를 재배하여 먹고, 남는 것은 판매한다.
- 파종기에는 가능한 한 많은 씨앗을 뿌린다.
- 아이를 적게 낳고, 반드시 교육을 시킨다.
- 화장실을 만들어 사용한다.
- 깨끗한 물만 마신다.
- 자녀들을 결혼시킬 때에 지참금을 주고받지 않는다.
- 정의롭지 못한 일을 하지 않으며, 다른 사람이 정의롭지 못한 일을 할 때에는 반드시 저항한다.
- 언제나 다른 사람을, 특히 어려움에 빠진 사람들을 돕는다.
- 규율이 깨진 것을 보면 반드시 바로잡는다.

이런 교육을 받고 돈을 대출 받은 사람들은 대부분 웁니다. 평생을 부모에게조차 저주에 가까운 천대를 받고 살아온 그들입니다. 그런 자신을 믿고 돈을 빌려준 은행으로부터 인간의 존엄성과 잠재력 개발이라는 엄청난 선물도 함께 받는 것입니다.

그라민 은행의 원금 상환율은 과연 얼마나 될까요? 98%를 넘어 99%에 이른다고 합니다. 나머지 1%도 결코 부정직한 사람으로 보지 않는다고 합니다. 특별한 개인 사정으로 인하여 그런 것이라고 보는 것입니다. 현재 그라민 은행은 3,600여 개 마을에서 운영되고 있고, 1,076개의 지점을 가지고 있으며, 최대부국 미국을 포함한 40여 개 나라로 확산되고 있는 중입니다.

이런 이야기를 들으면 너무나 가슴이 뛰고, 소망이 생깁니다. 한국 교회에도 유누스 박사 같은 사람들이 많이 나왔으면 좋겠습니다.

먼저 편견을 버려야 합니다. 그리고 큰 꿈을 꾸어야 합니다. 한 사람이 꿈을 꿀 때에 수많은 사람들이 소망을 가지며 살아나게 됩니다.

사람에 대한 편견이 전혀 없는 분이 계십니다. 바로 하나님이십니다. 하나님께서는 가난한 사람들은 노예 근성에 찌들어 늘 당하기만 하고 아무런 일도 할 수 없다는 편견이 없었습니다. 그래서 이집트의 노예였던 이스라엘 백성을 택하셨습니다. 그들이 하나님의 제사장 나라 역할을 누구보다도 잘할 것이라 믿으셨습니다.

  모세를 통하여 하나님은 이렇게 말씀하십니다. "여호와께서 너희를 기뻐하시고 너희를 택하심은 너희가 다른 민족보다 수효가 많기 때문이 아니니라. 너희는 오히려 모든 민족 중에 가장 적으니라"(신 7:7).

  오히려 작고 약하기 때문에, 무능하기 때문에 택하십니다. 이것이 하나님이 일하시는 방식이며, 하나님 사랑의 발로입니다.

  예수님도 아버지 하나님처럼 편견이 없으십니다. 사탄의 노예로 살며 죄의 종노릇 하는 우리가 왕 같은 제사장 나라가 될 수 있음을 믿으셨습니다. 예수님이 제자들을 택하신 데서도 그 믿음이 잘 드러납니다. 예수님의 제자들은 소외된 사람, 가난한 사람, 무식한 사람이었습니다. 그러나 결국 예수님의 제자들은 예수님을 실망시키지 않았습니다.

  세 끼 밥조차 먹지 못하는 사람들, 자기 이름도 쓰지 못하는 사람들도, 그들을 믿어주고 돈을 꾸어주었을 때에 눈물을 흘리며 살아났습니다. 온 힘을 다하여 일하여 그 돈을 갚고, 어려운 이웃을 돕기 시작하였습니다.

  하나님께서는 우리 모두에게 생명과 재능을 주셨습니다. 거저

주신 것입니다. 반드시 원금을 상환하리라 믿고 주셨습니다. 그라민 은행의 지원을 받은 그 가난한 이들도 되살아나서 다른 어려운 사람을 돕는데, 우리도 마땅히 그래야 합니다.

원금을 상환하려는 마음이 무엇보다도 중요합니다. 나는 가난한 사람이니까 받기만 하겠다는 사람은 영원히 노예의 굴레에서, 가난에서 벗어날 수가 없습니다. 거저 받는 1,000만 원보다도 빌린 돈 5만 원이 더 큰 힘을 발휘하는 이유가 여기에 있습니다. 그 가난하고 무식한 사람들이 고마운 마음에 원금을 상환하려는 결심을 할 때 노예근성에서 벗어날 수 있었고, 원금을 상환하려 애쓰는 과정에서 자신뿐만 아니라 온 가족이 절대빈곤에서 벗어났습니다.

하나님은 "너희가 이 모든 법도를 듣고 지켜 행하면 네 하나님 여호와께서 네 조상들에게 맹세하신 언약을 지켜 네게 인애를 베푸실 것이라"(신 7:12)고 약속하십니다. '인애'는 실체가 모호하고 막연한 것입니다. 그런데 이어지는 복들은 대단히 구체적이고 상상할 수 없을 만큼 큰 것들입니다.

"곧 너를 사랑하시고 복을 주사 너를 번성하게 하시되 네게 주리라고 네 조상들에게 맹세하신 땅에서 네 소생에게 은혜를 베푸시며, 네 토지 소산과 곡식과 포도주와 기름을 풍성하게 하시고 네

소와 양을 번식하게 하시리니"(신 7:13). 한마디로 부자로 만들어 주시겠다는 것입니다.

"여호와께서 또 모든 질병을 네게서 멀리하사, 너희가 아는 애굽의 악질에 걸리지 않게 하시고"(신 7:15). 병도 걸리지 않고 건강하게 만들어주시겠다는 것입니다.

그런데 부자가 되고 병이 낫는 것보다 더 중요한 말씀, 더 중요한 내용이 17절 이하에 기록되어 있습니다.

"네가 혹시 심중에 이르기를 이 민족들이 나보다 많으니 내가 어찌 그를 쫓아낼 수 있으리요 하리라마는 그들을 두려워하지 말고 네 하나님 여호와께서 바로와 온 애굽에 행하신 것을 잘 기억하되"(신 7:17-18).

천하무적으로 만들어주시겠다는 것입니다.

이만하면 충분하지 않습니까? 어디에서 이런 복을 받을 수 있겠습니까? 정말 하나님의 규례와 법도를 열심히 지켜볼 만합니다.

그런데 여기서 잠깐 멈춰서 하나님의 규례와 법도의 성격에 주목해야 합니다.

'하나님을 잘 믿었더니 기적이 일어났다'는 간증을 종종 듣습니다. 그 간증의 내용을 분석해보면, 교회에서 강조하는 헌금, 전도, 봉사, 기도와 말씀 생활을 남달리 열심히 해서 그런 결과를 얻었다는 것입니다.

그런데 하나님의 규례와 법도의 내용을 살펴보면, 그라민 은행의 16가지 규칙만큼이나 구체적임을 알 수 있습니다. 일상의 행위가 종교 행위보다 훨씬 더 큰 비중을 차지하고 있습니다.

헌금과 전도와 봉사, 기도와 말씀 생활을 폄하하려는 것이 절대로 아닙니다. 이 전제 아래 하나님의 규례와 법도의 근간인 십계명의 내용을 상기해보십시오. 하나님께서 종교 행위를 오늘날 목사들이 강조하는 것처럼 중시하셨다면, 십계명에 헌금과 기도와 전도와 봉사에 관한 내용들을 구체적으로 명기하셨을 것입니다.

그러나 하나님은 전혀 다른 생각을 가지셨습니다. 이사야서에는 하나님의 생각이 분명히 기록되어 있습니다.

"너희의 무수한 제물이 내게 무엇이 유익하뇨? 나는 숫양의 번제와 살진 짐승의 기름에 배불렀고 나는 수송아지나 어린 양이나 숫염소의 피를 기뻐하지 아니하노라"(사 1:11).

"내 마음이 너희의 월삭과 정한 절기를 싫어하나니 그것이 내게 무거운 짐이라. 내가 지기에 곤비하였느니라"(사 1:14).

그리고 이렇게 결론을 내리십니다. "너희가 내 앞에 보이러 오니 그것을 누가 너희에게 요구하였느냐? 내 마당만 밟을 뿐이니라" (사 1:12).

 이사야 선지자는 요즈음 많은 교회에서도 널리 행해지고 있는 신앙생활의 모습을 다음과 같이 충격적으로 비판하고 있습니다. "우리가 곰같이 부르짖으며 비둘기같이 슬피 울며 정의를 바라나 없고 구원을 바라나 우리에게서 멀도다"(사 59:11).

 부르짖어 기도하고 통곡하며 간구하여도 하나님의 구원은 점점 멀어져간다는 것입니다. 그 원인을 다음과 같이 서술합니다.

 "우리가 여호와를 배반하고 속였으며 우리 하나님을 따르는 데에서 돌이켜 포학과 패역을 말하며 거짓말을 마음에 잉태하여 낳으니, 정의가 뒤로 물리침이 되고 공의가 멀리 섰으며 성실이 거리에 엎드러지고 정직이 나타나지 못하는도다. 성실이 없어지므로 악을 떠나는 자가 탈취를 당하는도다"(사 59:13-15).

 이상합니다. 분명 이스라엘 백성은 정성을 다하여 분에 넘치는 제사를 드리고 있는데도 여호와께서는 그분을 배반하고 인정하지 않았다고 말씀하십니다. 하나님을 따르지 아니하고 포악과 패역, 거짓말까지도 서슴지 않는다고 하십니다.

 우리를 성찰해봅니다. 종교 행위에 열심을 다했다 해도 하나님께 남다른 복을 받아보자는 욕심에서 행한 것은 아닙니까? 부귀영화와 무병장수 외에는 다른 생각이 없으므로 당연히 다른 사람들의 아픔과 고통은 아랑곳하지 않게 되고, 정의와 공의, 성실과 정직은 찾아보기 어렵게 됩니다. 그 결과가 무엇입니까? '악을 떠나는 사람'을 탈취하는 자가 되고 맙니다.

하나님 앞에서 열심히 빌고 있을 뿐, 어쩌면 방글라데시의 한 마을을 장악한 그 악덕 고리대금업자와 별로 다를 바가 없지 않습니까?

그라민 은행의 16가지 규칙을 일상에서 성실히 지켜나가기만 해도 삶이 건강해지고 풍요로워집니다. 하물며 천지만물을 창조하신 사랑의 하나님의 법도를 일상에서 구체적으로 실현한다면 위에 열거한 복이 왜 임하지 않겠습니까?

우리는 창조주 하나님의 자녀입니다. 하나님의 것은 곧 내 것입니다. 달라고 졸라대고 보채지 않아도 이미 거저 주셨습니다. 단, 조건이 있습니다. 하나님 대신에 남을 살리는 일을 하는 것입니다.

자고로 '퍼주고 망한 가게'가 없습니다. 상대방에게는 정의와 공의를, 나 자신에게는 성실과 정직을 적용하며, 하나님께서 우리를 사랑하시는 그 사랑을 이웃에게 행한다면 당연히 하나님은 우리 중에 함께 계십니다. 당연히 최고의 삶을 행복하게 영위하게 마련입니다.

신명기 8:1-4 | **10**강

고난 학교

인생을 광야라고 부릅니다. 광야에 대한 내 생각을 버리고 대신 하나님 아버지의 생각을 받아들일 때, 비로소 광야에서 제대로 살 수 있습니다.

신명기 10강

 1912년 4월 10일 영국 사우샘프턴 항에, 그동안 본 적이 없는 화려하고 장엄한 배를 보기 위하여 사람들이 모여들었습니다. 길이 269미터, 무게 46,500톤이나 되는 몸집을 자랑하는 그 배에는 그리스 신화에 나오는 거인족 '타이탄'의 이름을 따서 '타이타닉'이라는 이름이 붙여졌습니다. 그 배의 첫 승객이 되는 영광을 얻기 위해 수많은 부자들과 명사들이 앞다투어 승선하였습니다.
 배를 바라보는 사람이나 타는 사람 모두 그 배의 위용에 압도되었고, 한편으로는 인간이 이루어낸 업적에 도취되어 그 배의 별명을 '하나님조차 침몰시킬 수 없는 배'라고 불렀습니다.
 그런 타이타닉 호는 정확히 나흘 후에, 빙산과 충돌하여 수심이

3,300미터나 되는 대서양의 깊은 바다 속에 가라앉고 말았습니다. 타이타닉 호의 처녀항해이자 마지막 항해였습니다. 그 사고로 인하여 2,208명의 탑승객과 승무원 중 1,513명이 목숨을 잃었습니다. 사람들은 경악하였습니다.

침몰의 원인은 한 마디로 '교만'이었습니다. '하나님조차 침몰시킬 수 없는 배'라는 별명은 당시 사람들의 교만이 얼마나 대단했는가를 잘 드러내고 있습니다. 당시 타이타닉 호의 선장은 배를 최고 속력으로 몰라고 독려하였습니다. "배를 전속력으로 몰아라. 그래서 지금까지의 기록을 깨버리고 최고의 영광을 차지하자." 그런데 바로 그렇게 전속력으로 배를 몬 것이 미처 빙산을 피하지 못하게 만들었습니다.

교만의 결과는 '자멸'입니다. 교만은 자신이 최고라고 뽐낼 때 소리 없이 찾아와 파멸의 일격을 가하는 사탄의 최대 무기입니다. 성경에는 죄와 관련된 단어와 기록이 1,100여 개 실려 있는데, 가장 많이 언급된 것이 음욕과 같은 더러움이며, 두 번째가 교만입니다.

전에는 그런 말이 있는지조차 몰랐다가 요즘 부쩍 자주 듣는 말이 '승자의 저주'라는 말입니다. 승리를 거둔 사람이 자신의 방법이 최고인 줄 알고 계속 밀고 나가다가 결정적으로 패배를 당한다는 말입니다. 교만과 자만의 결과입니다.

교만의 결과가 자멸인 이유는, 남으로부터, 나아가서는 하나님으로부터도 배우려 하지 않기 때문입니다. 교만의 최대 약점은, 남들은 나를 알고 있는데 정작 나 자신은 나를 모른다는 데 있습니다.

하나님께서 이스라엘 백성을 향하여 이렇게 말씀하십니다.

"너희가 어찌하여 매를 더 맞으려고 패역을 거듭하느냐? 온 머리는 병들었고 온 마음은 피곤하였으며, 발바닥에서 머리까지 성한 곳이 없이 상한 것과 터진 것과 새로 맞은 흔적뿐이거늘, 그것을 짜며 싸매며 기름으로 부드럽게 함을 받지 못하였도다"(사 1:5-6).

스캇 펙 박사는 인간이 실패하는 가장 큰 두 가지 원인을 '영적 무지'와 '게으름'으로 보았습니다. '영적 무지'의 대표 주자가 바로 교만입니다. 하나님께서는 교만한 이스라엘 백성을 징계로 가르치시며, 그들을 다시 싸매주사 생녕으로 인도하십니다. 그러나 이스라엘 백성은 하나님을 한사코 거절하며 패망의 길로 고집스레 가버립니다. 자신이 옳다는 것입니다.

교만은 혼자 있을 때는 절대로 찾아오지 않습니다. 교만의 덫에 걸린 사람들은 자신의 강함을 다른 이의 약함과 비교하면서 쾌감을 느낍니다. 그래서 남들과 자신을 끊임없이 비교하며 시간을 보냅니다.

C. S. 루이스는 이런 말을 했습니다. "교만한 사람들은 언제나 자신보다 못한 사람을 찾느라 위에 계신 하나님을 보지 못한다." 대단히 중요한 말입니다. 교만의 올무에 걸린 사람들은 자기보다 나은 사람들을 흠집 내는 데 열을 올리고, 자기의 장점만을 부각시키는 데 열중하느라 하나님께서 개입하실 틈을 드리지 않습니다.

교만은 가만히 놔두면 자기도 모르게 끝도 없이 자라납니다. 그래서 교만은 매일 깎아줘야 하는 수염과 같습니다. 언제나 경계해야 합니다.

성 아우구스티누스의 제자가 스승에게 물었습니다.

"기독교인의 첫 번째 덕목은 무엇입니까?"

아우구스티누스가 대답하였습니다.

"겸손이니라."

"두 번째 덕목은 무엇입니까?"

"겸손이니라."

"세 번째 덕목은 무엇입니까?"

아우구스티누스는 입을 열어 다음과 같이 말했습니다.

"겸손이니라."

왜 기독교는 겸손을 그토록 강조하는 것일까요? 계속 배워야 하기 때문입니다. 누구로부터 배워야 합니까? 하나님으로부터 배워야 합니다. 그리스도인은 언제나 그리스도의 장성한 분량에 이르기까지 성장하고 성숙해져야 합니다.

이 겸손을 가르치는 학교가 하나 있습니다. 바로 '고난 학교'입니다. 이 학교에 입학하면, 그동안 내가 자랑하던 능력이 얼마나 무력한 것인가를 금방 깨닫게 됩니다. 자신의 한계를 발견하게 됩니다. 그런데 교만한 사람들은 자신의 무능을 보지 않으려 얼른 그 고난 학교를 그만둬버립니다. 그 결과 영원히 겸손을 배우지 못하며, 미성숙한 모습으로 살다가 사라져버립니다.

모세는 다음과 같이 말합니다. "네 하나님 여호와께서 이 사십 년 동안에 네게 광야 길을 걷게 하신 것을 기억하라. 이는 너를 낮추시며 너를 시험하사, 네 마음이 어떠한지 그 명령을 지키는지 지키지 않는지 알려 하심이라"(신 8:2)

하나님께서는 이스라엘 백성을 광야로 불러 무려 40년 동안 가르치셨습니다. 그 광야가 바로 고난 학교입니다. 하나님께서 광야를 택하신 이유는 자퇴를 하지 못하게 하기 위해서입니다. 자진 퇴학하여 무리 중에서 떨어져 나가면 죽습니다. 광야는 한낮에는 영상 40-50도를 오르내리고 밤에는 영하로 기온이 떨어지는 곳, 먹을거리나 물을 구할 수 없는 곳입니다.

광야는 자신의 재능과 열심이 무력해지는 곳입니다. 열심히 씨를 뿌리고 가꾼다고 해도 열매가 맺히지 않습니다. 오직 하나님의 은혜로만 살아가는 곳이 광야입니다.

그 광야에서 이스라엘 백성은 40년 동안 죽을 고생을 하며 겸손을 배웠습니다. 겸손은 한마디로 말해, 하나님의 하나님 되심을 인정하고 하나님의 명령은 그 어떤 것이든 순종하는 것입니다.

그런데 겸손을 배우기란 생각만큼 어렵지 않습니다. 더욱이 하나님으로부터 배우는 겸손은 쉽습니다.

예수님께서 친히 말씀하셨습니다. "나는 마음이 온유하고 겸손하니, 나의 멍에를 메고 내게 배우라. 그러면 너희 마음이 쉼을 얻으리니 이는 내 멍에는 쉽고 내 짐은 가벼움이라"(마 11:29-30).

하나님은 살아 계시며, 오직 사람을 살리는 일에 관심을 두고 계십니다. 그래서 그분이 내리는 명령과 처방은 무조건 사는 길입니다. 하나님을 신뢰하는 참 믿음만 있으면 겸손은 저절로 배우게 됩니다.

믿음과 순종과 겸손은 같은 뿌리에서 나온 서로 다른 열매입니다. 참 믿음의 소유자는 하나님의 말씀에 순종하며, 힘들이지 않고 언제나 겸손하게 살 수 있습니다. 그렇게 되면 고난 학교를 그만큼 빨리 졸업하게 되고, 하나님의 왕 같은 제사장으로 임명됩니다.

"너를 낮추시며 너를 주리게 하시며 또 너도 알지 못하며 네 조상들도 알지 못하던 만나를 네게 먹이신 것은, 사람이 떡으로만 사는 것이 아니요 여호와의 입에서 나오는 모든 말씀으로 사는 줄을 네가 알게 하려 하심이니라"(신 8:3).

"사람이 떡으로만 사는 것이 아니요, 여호와의 입에서 나오는 모든 말씀으로 사는 줄을 네가 알게 하려 하심이니라." 겸손은 목표가 아닙니다. 겸손을 통해 "사람이 떡으로 사는 것이 아니라 하나님의 말씀으로 산다"는 것을 가르치시는 것입니다.

이 말씀이 중요한 이유를 예수님은 친히 증명해주셨습니다. 예수님은 요단 강에서 세례를 받으시고 광야로 나가 40일 동안 금식을 하셨습니다. 예수님도 고난 학교에 입학하셔서 사탄의 시험을 받으셨다는 것입니다. 하나님께서 친히 아들조차 고난 학교에 입학시키셨음을 아셔야 합니다. 그러므로 우리도 마땅히 그 과정을 거쳐야 합니다.

굶주린 예수님 앞에 사탄이 나타나 말합니다. "네가 하나님의 아들이어든, 명하여 이 돌들로 떡덩이가 되게 하라"(마 4:3). 사탄의 첫 번째 시험입니다.

　배고픔의 해답은 떡이라고 누구나 생각합니다. 그런데 놀랍게도 그 생각이 잘못되었다는 것입니다. 예수님께서 조용히 정답을 말씀하십니다. "사람이 떡으로만 살 것이 아니요, 하나님의 입으로부터 나오는 모든 말씀으로 살 것이라"(마 4:4). 신명기 8장 3절 말씀의 정확한 인용입니다.

　만일 예수님께서 너무나 배가 고프신 나머지 돌덩이를 떡이 되게 하셨다면, 예수님도 사탄의 노예가 되어버렸을 것입니다.

　누구나 나름대로 인생의 문제들에 대한 답을 갖고 있습니다. 그러나 인간의 답은 부정확하거나 옳지 못하거나 한계를 갖고 있습니다. 가장 정확한 답은 하나님만이 갖고 계십니다. 이것이 성경이 중요한 이유입니다.

　랍 벨의 훌륭한 책 《사랑이 이긴다》는 "복음은 우리가 해석하는 우리의 이야기에 하나님이 해석하시는 우리의 이야기를 들이댄다"고 말합니다.

　누가복음 15장에 나오는 탕자 이야기를 다 아실 것입니다.

　아버지의 재산을 탕진하고 몰락한 둘째아들은 자신에 대해서 이렇게 생각합니다. "지금부터는 아버지의 아들이라 일컬음을 감당하지 못하겠나이다. 나를 품꾼의 하나로 보소서"(눅 15:19). 이것이 둘째아들이 스스로를 해석하는 시각입니다. 그런데 아버지는 둘째아들을 이렇게 생각합니다. "내 아들은 죽었다가 다시 살아났으며 내가 잃었다가 다시 얻었노라"(눅 15:24). 이것이 인간에 대한 하나님 아버지의 해석입니다.

둘째아들이 환대받는 것에 불만을 품은 큰아들이 이렇게 말합니다. "내가 여러 해 아버지를 섬겨 명을 어김이 없거늘 내게는 염소 새끼라도 주어 나와 내 벗으로 즐기게 하신 일이 없더니"(눅 15:29). 이것이 스스로에 대한 큰아들의 해석입니다. 그런데 아버지는 이렇게 말합니다. "얘, 너는 항상 나와 함께 있으니 내 것이 다 네 것이로되"(눅 15:31). 이것이 인간에 대한 하나님 아버지의 해석입니다.

아들들에 대한 아버지의 해석은 우주만물과 인간을 만드신 창조주 하나님의 선언으로서 절대적입니다. 영구불변입니다. 하나님의 선언을 받아들이고 하나님께서 창조하신 이 세상에서 하나님의 해석대로 살면 살고, 그렇게 살지 않으면 죽습니다.

사람들은 모든 것이 부족한 광야에 거하는 것을 억울해하고 싫어합니다. 한사코 빠져나오려고 하고, 빠져나오지 못하면 그 인생은 실패라고 생각합니다. 이것이 인간 스스로의 해석입니다. 하나님은, 광야야말로 하나님의 은혜를 오롯이 받는 곳, 하나님의 은혜와 보호와 인도 없이는 한순간도 살 수 없는 곳, 그래서 내 힘을 모두 내려놓고 겸손해지는 곳, 하나님을 의지하고 마침내 하나님을 사랑하게 되는 유일한 장소라고 하십니다. 이것이 우리를 자신의 아들보다 사랑하시는 하나님 아버지의 광야에 대한 생각입니다.

인생을 광야라고 부릅니다. 광야에 대한 내 생각을 버리고 대신 하나님 아버지의 생각을 받아들일 때 비로소 광야에서 제대로 살 수 있습니다.

겸손이 최종 목표가 아니듯이, "사람이 떡으로만 사는 것이 아니요 여호와의 입에서 나오는 모든 말씀으로 사는 줄 아는 것" 역시 신앙생활의 최종 목표가 아닙니다. 이것은 시작입니다. 제사장으로서 하나님의 일을 수행하는 첫 마음가짐입니다.

하나님께서 이스라엘을 부르신 이유는 하나님의 백성으로서 잘 먹고 잘 살게 하시겠다는 것이 아닙니다. 하나님의 제사장으로 사용하시겠다는 것입니다. 그러므로 하나님의 말씀에 순종하여 하나님으로부터 복을 받아보겠다는 것은 믿음 생활을 시작조차 하지 않은 것이고, 방향을 완전히 잘못 잡은 것입니다.

일본인 고구레 마사히사는 아프리카 에티오피아의 호젠을 여행하고 있었습니다. 오랜 가뭄으로 농지는 바싹 마르고 척박하기 이를 데가 없었습니다. 식수조차 얻을 수가 없었습니다. 특히 어린이들이 겪고 있는 고통에 그는 큰 충격을 받았습니다.

호젠 지역에는 11개 마을에 55,000여 명이 살고 있는데 그 중 16,000여 명이 초등학생이었습니다. 이 어린이들은 주린 배를 움켜쥐고 뜨거운 태양 아래 십수 킬로미터를 걸어 식수를 구하러 다녀야 했고, 더러운 물로 인하여 각종 질병에 시달리고 있었습니다. 학교를 간다고 해도 수업 중 쓰러지기 일쑤였고 식량 부족으로 학교 급식은 엄두도 내지 못하고 있었습니다.

고구레 마사히사는 메마른 광야를 본 것입니다. 그들의 고난과 아픔이 자신의 것이 되었습니다. 이들을 어떻게 도울 수 있을까? 그렇게 하여 탄생한 프로젝트가 '테이블포투Table For Two'입니다. 일본으로 돌아간 그는 식당을 돌아다니며 호소하였고 식당들이 하나 둘 그 프로젝트에 참여하기 시작했습니다.

원리는 간단합니다. 테이블포투에 참여하는 식당에서 식사를 하면 일인당 20엔을 기아에 시달리는 학생들의 한 끼 급식비로 지원하는 것입니다.

세계 70억 인구 중 10억 명은 기아 상태에 놓여 있고, 10억 명은 비만과 당뇨 등 영양 과다로 인한 질병으로 고생하고 있습니다. 지구를 하나의 밥상으로 생각하고 서로 나누자는 발상에서 시작한 이 프로젝트는 시작한 지 3년 만에 참여 법인이 280개를 넘어서며 카페, 편의점 등으로 확대되는 중입니다. 최근에는 미국에도 같은 단체가 설립되었습니다. 수익금 전액은 아프리카 빈민 어린이들의 학교 급식에 지원됩니다.

광야를 슬쩍 구경만 해도 많은 것을 보고 느끼고 기꺼이 광야로 뛰어듭니다. 그리고 모든 인간을 사랑하시는 하나님의 일을 기꺼이 하게 됩니다.

고구레 마사히사 씨는 그리스도인일까요? 십중팔구 그렇지 않을 것입니다. 일본 기독교인의 비율이 인구의 1%를 넘지 못하고 있으니까요.

기독교 TV에서 비기독교인들의 '제사장직 수행'을 예화로 들었더니 항의가 들어왔습니다. 더 이상 비기독교인들을 예로 들지 말라는 것입니다. 기독교인들의 아름다운 이야기들을 열심히 찾아서 예화로 들었지만 곧 밑천이 떨어졌습니다. 그만큼 희귀했다는 말입니다.

하나님을 모르는 고구레 마사히사가 광야에서 그런 일을 생각해 냈다면, 하나님의 자녀인 우리는 당연히 더 큰 일을 창출해야 합니다. 하나님의 영광을 위하여 남을 살리는 일이 하나님의 제사장의 사명입니다.

  예수님께서 고별 설교에서 제자들에게 말씀하십니다. "내가 진실로 진실로 너희에게 이르노니, 나를 믿는 자는 내가 하는 일을 그도 할 것이요, 또한 그보다 더 큰 일도 하리니 이는 내가 아버지께로 감이라"(요 14:12).

"내가 네게 명령하는 이 모든 말을 너는 듣고 지키라.
네 하나님 여호와의 목전에 선과 의를 행하면
너와 네 후손에게 영구히 복이 있으리라."

(신 12:28)

복과 저주의 갈림길에서

마음에 깊이 각인시키십시오. 오직 믿음의 눈으로, 하나님의 지혜의 눈으로 바라보는 사람만이 진정한 축복의 산에 오를 수 있습니다. 그런 하나님의 시각과 지혜를 가르쳐주는 것이 바로 성경입니다. 하나님의 말씀, 성경을 사랑하고 하나님을 전적으로 믿는 사람은 겉으로는 손해 보는 것 같으나, 그가 밟는 땅은 바로 축복의 산 정상입니다.

The Story of Heaven

11강 | 신명기 11:10-17

하나님께서 추천하신 최고의 땅

하나님의 눈길과 맞추고 있는 한, 황량한 사막도 내게는 생명수 흐르는 에덴동산입니다.

신명기 11강

어린 시절 스티브 도나휴는 마땅히 할 일이 없는 한적한 시골에서 자랐습니다. 일요일 오후면 철 지난 영화를 상영하는 허름한 동네 극장에서 형제들과 함께 영화를 보았습니다. 극장의 불이 꺼지고 영화가 시작되면 아이들은 영화를 보는 것이 아니라 어둠을 이용하여 장난을 시작하였습니다. 여기저기서 비명소리가 들리고 웃고 까부는 소리는 영화가 끝날 때까지 계속되었습니다.

  그런데 아홉 살 되던 어느 날, 꼬마 스티브는 자신의 운명을 바꾸는 영화를 보게 됩니다. 제목은 〈아라비아의 로렌스〉입니다. 영화 내용은 아홉 살 꼬마가 이해하기에는 복잡했고, 또 그다지 중요하지도 않았습니다. 그의 눈을 사로잡은 것은, 이국적인 아랍 복장을 한 늠름한 군인이 하얀 낙타 위에서 칼을 휘두르며 끝없이 펼쳐진 모래언덕을 질주하는 장면이었습니다.

공부를 잘한 스티브 도나휴는, 그러나 대학은 가지 않았습니다. 대신 여행을 떠났습니다. 배낭 하나 짊어지고는 유럽으로 북아프리카로 마음이 끌리고 발길이 닿는 대로, 때로는 혼자서 때로는 여럿이 그렇게 떠돌아다녔습니다. 그 여행에서 꿈에도 잊지 못하던 사막을 보았습니다.

3년 후 자석처럼 이끌리어 바로 그 사하라 사막에 갔습니다. 2년여에 걸친 사하라 종단 여행은 삶의 방향을 잡아주었습니다. 여행에서 돌아와 쓴 책《사막을 건너는 여섯 가지 방법》은 세계적인 베스트셀러가 되었고, 그는 현재 사업가, 기업 컨설턴트, 동기 유발 강연자로 활발하고 행복하게 살고 있습니다.

그가 쓴 책《사막을 건너는 여섯 가지 방법》의 골자를 언급해봅니다.

인생을 사막 여행이나 등산에 비유하는 것은 흔한 일입니다. 그런데 그는 등산보다는 사막 여행이 더 적합한 은유라고 말합니다. 그 이유는, 등산은 목표가 있고, 또한 올라야 할 정상이 눈에 보이는 데 반해, 사막 여행은 수시로 지형이 바뀌고 가는 방향을 종잡을 수 없어 길을 잃는 경우가 빈번하기 때문입니다. 맞는 말입니다. 목표가 눈에 보이면 어떻게 해서라도 가겠는데, 목표를 볼 수 없는 경우가 대부분이고, 설사 목표를 세워놓았다고 하더라도 그 목표가 실제인지 환상인지 알 수 없는 경우가 태반입니다.

'인생은 사막 여행'이라는 그의 말에 일단 점수를 더 주면서 그가 제시하는 여섯 가지 방법을 들어봅시다.

첫째, 지도를 따라가지 말고 나침반을 따라가라.

맞습니다. 인생의 지도는 없습니다. 수시로 상황이 바뀝니다. 남이 만들어놓은 지도는 대부분 내게 맞지 않으며, 내가 만든 지도는 정확하지 않기가 십상입니다. 그러므로 나침반으로 방향을 정확히 잡고 열심히 걸어가야 합니다.

둘째, 오아시스를 만나면 충분히 쉬어가라.

인생 여정은 길고 험합니다. 힘이 필요합니다. 목표에 집착하다 보면 힘과 지혜와 능력이 고갈되기 마련입니다.

셋째, 모래에 갇히면 자동차 타이어의 바람을 빼라.

모래 속에서 헛바퀴만 도는 경우, 타이어에 바람을 빼야 그 구덩이에서 빠져나올 수 있습니다. 목에 힘이 잔뜩 들어가서는 상황에 제대로 대처할 수 없습니다.

넷째, 얼른 도움을 구하라. 그렇지 않으면 나중에 구조를 받아야 할 상황에 이른다.

다섯째, 캠프파이어에서 한 걸음 물러나라.

가족, 친구, 집, 직장이 바로 캠프파이어입니다. 사람들은 으레 안주하려고 합니다. 그래서 '불확실성'보다는 '불행'을 선택하고, 대부분의 사람들이 인생을 그렇게 끝마칩니다.

여섯째, 허상의 국경에서 멈추지 말라.

국경선을 넘으면 끔찍한 일이 생길 것이라 생각하며 걸음을 멈춥니다. 그러면서 열정도 함께 멈춥니다. 하지만 알고 보면, 끔찍한 일은 국경선을 넘지 않아서 생깁니다.

사하라 사막을 잘 건너 인생이 풀린 사람들은 스티브 도나휴뿐만이 아닙니다. 브라이언 트레이시도 그렇습니다. 그는 고등학교도 졸업하지 못한, 폐차 직전의 중고차에서 먹고 자던 떠돌이 막일꾼이었습니다. 그러다 우연히 사하라 사막을 건너게 되고 그 여행에서 대오각성, 현재는 4개 국어에 능통한 잘 나가는 기업인으로서 남들을 열심히 도우며 신나게 살아가고 있습니다.

이스탄불에서 고비 사막을 넘어 서안까지 장장 1,099일을 걸었던 베르나르 올리비에, 그는 아내를 잃은 슬픔을 그 여행을 통해 승화시키고 현재 비행청소년을 위한 도보학교를 만들어 그들이 새로운 인생을 발견하도록 도와주고 있습니다. 그 일을 서술한 책이 《나는 걷는다》입니다.

성공적인 인생을 살기 위해서는 모두 사하라 사막, 고비 사막을 건너야 한다는 말이 아닙니다. 우리나라 최초의 여성 산악인 남난희 씨는 백두대간을 종주하였습니다. 그러고는 에베레스트 산 등정을 접었습니다. 에베레스트 산 등정이 자기에게는 별 의미가 없다는 결론을 내린 것입니다.

요즈음 너도 나도 다녀와 순례기를 쓰는 산티아고 순례길이 아니더라도, 제주도 올레길이나 지리산 둘레길만 걸어도 인생의 훌륭한 전환점을 맞을 수 있을 것입니다. 단, 조건이 있습니다. '잔머리 가동'을 중단하고, 하나님께서 만들어주신 이 아름다운 세상을 통해 내게 건네시는 깊고 넓고 따뜻한 말씀을 들으려는 태도를 견지하는 것입니다. 그래서 내게 주시는 하나님의 특별한 뜻을 찾고 그 뜻을 내 삶으로 실현해내는 것이 곧 하나님께서 내게 원하시는 인생입니다.

가장 좋은 땅은 어떤 땅일까요?

예전에 다들 농사짓던 시절에는 물이 넉넉하고 비옥하여 소출이 많은 땅을 좋은 땅이라고 하였습니다. 오늘날에는 사람들의 왕래가 많고 목이 좋아 많은 수익을 내는 땅을 좋은 땅이라고 말합니다. 과연 그럴까요?

사하라 사막, 고비 사막은 세상에서 가장 척박한 땅입니다. 그에 비해 백두대간이나 올레길, 둘레길은 풍광이 아름답습니다. 자, 그렇다면 이번에는 토지 컨설턴트이신 하나님의 말씀을 들어봅시다.

하나님께서는 가나안 땅을 가장 좋은 땅이라고 추천하시고 가나안 땅에 대해서 이렇게 말씀하십니다.

"네가 들어가 차지하려 하는 땅은 네가 나온 애굽 땅과 같지 아니하니"(신 11:10).

가나안 땅은 무엇보다도 이집트(애굽) 땅과 다르다는 것입니다. 그렇다면 이집트 땅은 어떤 땅인가를 알아보아야 합니다. 이집트 땅은 나일 강을 끼고 있습니다. 나일 강은 아프리카 빅토리아 호수에서 발원한 강인데, 12,000킬로미터를 구비 돌아 지중해로 흘러가기까지, 모든 시대의 이집트인들에게 풍요를 가져다준 보물이었습니다. 이집트는 비가 오지 않는 건조지대지만, 나일 강으로 인하여 전혀 어려움 없이 농사를 지을 수 있었습니다. 일 년에 한 번 나일 강이 범람할 때만 높은 지대로 피신했다가 물이 빠지면 내려가서 씨를 뿌리기만 하면 엄청나게 많은 곡식을 거둘 수 있었습니다. 나일 강의 범람은 이들에게는 재해가 아니라 복이었습니다. 범람으로 인하여 비옥한 양분이 상류에서 흘러내려와 따로 비료를 줄 필요가 없었기 때문입니다. 파종한 다음 강으로부터 물을 끌어오기만 하면 되었습니다.

"너희가 파종한 후에 발로 물 대기를 채소밭에 댐과 같이 하였거니와"(신 11:10)라는 말을 통해 까마득한 시절부터 관개시설이 잘 정비되어 있어, 수차水車로 물만 끌어들이면 쉽게 농사를 지었음을 알 수 있습니다. 그렇게 풍요로운 수확 덕분에 이집트는 강대국이 되어 그 일대를 지배할 수 있었습니다.

처음 우리나라 사람들이 이집트에 정착했을 때 이집트 사람들에게 배추 농사를 짓게 하여 공급을 받았습니다. 배추 20킬로그램만 가져오라고 하니까 네 포기를 가져왔는데, 배추 한 통의 크기가 어른 팔로 한 아름이나 될 만큼 커서 그 후로는 배추 크기를 통제하여 공급받았습니다. 사시사철 그렇게 농사가 잘되었다고 합니다.

그런데 가나안 땅은 이집트 땅과는 다릅니다.

"너희가 건너가서 차지할 땅은 산과 골짜기가 있어서 하늘에서 내리는 비를 흡수하는 땅이요, 네 하나님 여호와께서 돌보아주시는 땅이라"(신 11:11-12).

하늘에서 내리는 비를 흡수하는 땅이란 무엇일까요?

가나안 땅은 강이라고는 요단 강 하나만 있을 뿐, 산과 골짜기로 온통 주름 잡힌 땅입니다. 그 강도 우리 기준으로 볼 때는 개울 수준이라 언제나 물이 부족합니다. 사람들은 하늘에서 내리는 비만 바라보며 사는데, 그나마 비마저도 땅이 흡수해버립니다.

   이스라엘은 매년 4월부터 10월까지가 여름입니다. 이때는 모든 생물들을 죽음에 이르게 하는 건기입니다. 히브리어로 여름을 '카이쯔qayits'라고 하는데, 그것은 죽음과 종말을 의미하는 '케쯔qets'에서 유래한 말입니다. 타는 목마름의 계절에 하나님께서는 한 방울의 비도 내려주시지 않습니다.

   그러고는 가을이 시작되는 11월경에 비가 내리는데, 이 비를 첫비 또는 '이른 비'라고 불렀습니다. 이 비가 내린 다음 파종을 하였습니다. 이른 비는 건기 동안 메마른 땅을 적셔 땅을 부드럽게 하여 밭을 갈기에 적당하였습니다. 그러고는 다음해 3, 4월 여름이 시작되기 전에 봄비가 내리는데, 이 비를 '늦은 비'라고 불렀습니다. 이 이른 비와 늦은 비는 한 해의 풍작과 흉작을 가르는 결정적인 역할을 하였습니다.

   "네 하나님 여호와께서 돌보아주시는 땅이라."

   우리가 생각하기에 전혀 좋은 땅 같지 않은데도 하나님께서는 그 땅을 가장 좋다고 추천하십니다.

   왜 하나님은 그런 땅을 좋은 땅이라고 하시는 것일까요? 그 이유를 다음과 같이 말씀하십니다. "연초부터 연말까지 네 하나님 여호와의 눈이 항상 그 위에 있느니라"(신 11:12). 가나안 땅이 좋은 이유는, 바로 연초부터 연말까지, 일년 내내 하나님께서 지켜보고 계시기 때문이라는 것입니다.

하나님의 눈이 항상 내게 고정되어 있다면 좋겠습니까, 나쁘겠습니까?

대답하기 참 곤란한 질문입니다. 언뜻 생각하면 좋겠다 싶은데, 꼭 그렇지만은 않습니다. 누군가에게 감시당하는 것처럼 싫은 것이 없습니다. 어찌 보면 하나님은 '빅 브라더' 같습니다.

실제로 그런 적이 있었습니다. 이스라엘이 광야 생활을 할 때였습니다.

"구름이 성막 위에서 떠오를 때에는 이스라엘 자손이 그 모든 행진하는 길에 앞으로 나아갔고, 구름이 떠오르지 않을 때에는 떠오르는 날까지 나아가지 아니하였으며…이스라엘 온 족속이 그 모든 행진하는 길에서 그들의 눈으로 보았더라"(출 40:36-38). 이 설명으로 출애굽기가 끝납니다. 그만큼 중요한 말씀입니다.

한번 상상해봅시다. 당시 이스라엘 사람들은 성막을 중심으로 동서남북에 각각 세 지파씩 자리를 잡고 텐트를 치고 살았습니다. 언제나 성막에서 구름이 오르는지 여부를 점검하는 것이 일상이었습니다. 마치 요즈음 기상 방송을 듣는 것과 같았습니다. 성막 위에 구름이 떠오르면 텐트를 걷고 짐을 꾸립니다. 그러고는 구름의 움직임에 따라 이동을 합니다. 구름이 멈추면 사람들도 걸음을 멈추고 짐을 풀고 텐트를 칩니다. 아침이 되어 또다시 구름이 움직입니다. 그러면 다시 그 번거로운 일을 되풀이해야 합니다. 광야는 밤낮의 온도차가 극심하기에 텐트를 치지 않을 수 없습니다. 그러나 너무나 번거로워 그날만은 노숙을 하였습니다. 다음날도, 또 다음날도. 그러다가 너무 춥고 또 구름이 움직일 생각을 하지 않으니까 텐트를 칩니다. 그런데 이게 웬일입니까. 다음날 아침이 되자 구름이 움직이는 게 아닙니까!

반대의 경우도 있습니다. 몇 달이고 구름이 움직일 생각을 하지 않는 것입니다. 그러면 꼼짝없이 그곳에 몇 달이건 머물러 있어야 합니다.

이것은 단순한 상상이 아닙니다. 실제로 그랬습니다. "혹시 구름이 저녁부터 아침까지 있다가 아침에 그 구름이 떠오를 때에는 그들이 행진하였고 구름이 밤낮 있다가 떠오르면 곧 행진하였으며, 이틀이든지 한 달이든지 일 년이든지 구름이 성막 위에 머물러 있을 동안에는 이스라엘 자손이 진영에 머물고 행진하지 아니하다가 떠오르면 행진하였더라"(민 9:21-22).

'강아지 훈련시키는 것도 아니고' 하시겠지만, 강아지 훈련이라고 생각하는 것이 맞습니다. 하나님께서는 이스라엘을 그렇게 철저희 훈련시키셨습니다. 언제나 하나님의 뜻을 살피고 하나님의 명령이 무엇이든지 철저히 순종하는 법이 뼛속까지 스며들도록 가르치신 것입니다. "이젠 지쳤어. 나는 내 방식대로 살 거야" 하고 진영을 떠나는 순간 그 사람은 며칠 못 가 광야에서 죽게 됩니다.

하나님께서는 이렇게 말씀하십니다. "내가 오늘 너희에게 명하는 내 명령을 너희가 만일 청종하고 너희의 하나님 여호와를 사랑하여 마음을 다하고 뜻을 다하여 섬기면 여호와께서 너희의 땅에 이른 비, 늦은 비를 적당한 때에 내리시리니, 너희가 곡식과 포도주와 기름을 얻을 것이요, 또 가축을 위하여 들에 풀이 나게 하시리니 네가 먹고 배부를 것이라"(신 11:13-15).

하나님께서 이스라엘의 신앙을 항상 점검하시겠다는 것입니다. 하나님의 명령에 순종하고 하나님을 온 몸과 마음과 뜻을 다하여 사랑하면, 하나님께서 가장 적절한 때에 늦은 비와 이른 비를 내려 풍성한 수확을 허락하신다는 말씀입니다. 바로 이렇게 하나님이 이스라엘 백성의 신앙을 점검하시는 것이 바로 '여호와의 눈이 항상 그 위에 있다'는 말입니다.

이스라엘 백성의 삶을 결정하는 것은 비옥한 땅이나 풍부한 물이 아닙니다. 하나님을 얼마나 사랑하는가, 하나님을 얼마나 열심히 섬기는가가 이스라엘 백성의 삶을 결정합니다.

만일 그렇지 못한다면 어떻게 될까요?

"너희는 스스로 삼가라. 두렵건대 마음에 미혹하여 돌이켜 다른 신을 섬기며 그것에게 절하므로 여호와께서 너희에게 진노하사 하늘을 닫아 비를 내리지 아니하여 땅이 소산을 내지 않게 하시므로 너희가 여호와께서 주신 아름다운 땅에서 속히 멸망할까 하노라"(신 11:16-17).

여기 말하는 다른 신은 '풍요의 신', 바로 나일 강을 일컫는 말입니다. 이집트 사람들은 풍요를 가져다주는 나일 강을 신으로 섬겼습니다. 이집트는 한때 나일 강으로 인하여 번영하였으나 결국은 나일 강으로 인하여 쇠퇴하고 말았습니다. 번영의 신을 섬길 때에 일어나는 일이 무엇입니까? 여호와께서 진노하사, 하늘을 닫아 비를 내리지 아니하여 땅으로 소산을 내지 않게 하십니다. 그래서 여호와께서 주신 아름다운 땅에서 속히 멸망하게 됩니다.

하나님께서는 이스라엘 백성으로 하여금 언제나 하나님을 의지하며 살라고 척박한 땅으로 인도하신 것입니다.

'누가 나를 도울 것인가'라는 질문에, 눈을 들어 하나님을 보라고 하십니다. 내 삶이 가물어 메마를 때에 우물을 파고 물을 얻으려 애쓰지 말고, 내 안의 불신앙을 확인하고 하나님 앞으로 나오라고 하십니다. 언제나 풍부한 수량을 뽐내며 흘러내리는 나일 강을 의지하지 말고, 하나님께서 공급하시는 은혜의 비를 의지하며 살라고 하십니다. 하나님께서 은혜의 비를 내리지 않으시면 나는 해골과 같이 될 수밖에 없음을 알라고 그런 땅으로 인도하신 것입니다. 여러분은 과연 무엇을 의지하며 살아가고 계십니까? 나일 강의 물입니까? 아니면 하나님의 은혜의 단비입니까?

사람들의 실상은 대충 이렇습니다. 어려움을 당할 때는 "하나님은 도대체 어디 계시냐?"고 항변하고, 잘 나갈 때는 "제가 알아서 합니다. 하나님은 잠시 물러나 계십시오" 합니다. 이런 사람은 갈 길이 아직도 한참 남았습니다.

사랑하면 저절로 그 눈길은 사랑하는 사람을 좇게 마련입니다. 그래서 하나님의 눈길은 언제나 우리에게 고정되어 있습니다. 하나님이 얼마나 나를 사랑하시는지 알 때, 그런 하나님을 사랑할 때 나는 그 하나님과 시선을 맞춥니다. 하나님의 눈길과 맞추고 있는 한, 황량한 사막도 내게는 생명수 흐르는 에덴동산입니다.

12강 | 신명기 11:26-32

복과 저주의 갈림길에서

나를 어떻게 경영하느냐에 따라, 아무리 낮고 척박한 상황에서 출발했어도 풍성한 열매를 거둡니다. 조건은 단 하나, 반드시 하나님과 함께 경영해야 한다는 것입니다.

신명기 12강

청년 시절 미술 주변에서 얼쩡거렸던 터라 여유가 생기면 인사동의 화랑들을 기웃거리곤 합니다. 10월 어느 날인가, 그날도 그렇게 서성이고 있는데 눈에 들어오는 전시회 제목이 하나 있었습니다. '염소 한 마리의 희망.'

'어라, 저건 뭐지?' 전시실로 들어가 보았더니 가톨릭, 불교, 원불교 여성 성직자들이 눈에 들어왔습니다. '삼소회三笑會'에서 주관한, 에티오피아 소녀들에게 염소 한 마리 보내기 운동의 일환으로 열린 사진전이었습니다.

에티오피아는 대다수의 국민들이 하루 1달러 미만으로 생활하는 최빈국입니다. 그래서 에티오피아 소녀들은 10세쯤 되면 지참금을 조금 받고 결혼 형식으로 팔려가서 평생 동안 고된 노동에 시달립니다. 삼소회는 소녀가 있는 가정에 염소 한 마리씩을 주면서 그 소녀를 학교에 보내겠다는 약속을 받습니다. 염소를 키워 우유와 새끼를 얻어 생계에 보태면 그 소녀의 조혼을 막고 공부도 시킬 수 있습니다.

염소 한 마리 값은 얼마일까요? 단돈 2만 원입니다.

너무나 기가 막혔습니다. 단돈 2만 원이면 그런 좋은 일을 할 수 있는데 참여자가 적다는 데 놀랐고, 그러한 일에 우리 개신교가 참여하지 않는다는 것에 기가 막혔습니다. 집으로 돌아와 사죄하는 마음으로 염소 100마리 값을 삼소회에 보냈습니다. 그리고 앞으로 이 일에 적극 동참하기로 결심하였습니다.

한 기독교 잡지에 목회자들의 인식도를 연구한 결과가 발표되었습니다. 여러 교단 목회자 344명이 앙케트에 응답한 결과입니다. 그 가운데 눈길을 끄는 두 가지 항목이 있었습니다. 첫째 항목은 기독교와 교회를 타락시키는 이념이 무엇인가라는 질문입니다. 이에 대하여 다음과 같은 대답이 나왔습니다. 가장 심각한 것은 세속적 교회 성장주의로 33.4%를 차지하였습니다. 두 번째는 돈과 물질주의로 30.2%, 세 번째는 명예와 성공지상주의 15.1%, 네 번째는 그리스도의 유일성 위협과 종교다원주의로 13.1%였습니다.

세속적인 성장, 물질주의, 명예와 성공지상주의 등은 비단 교회의 타락만을 초래할 뿐 아니라 개인의 타락, 사회의 타락을 초래합니다. 이것은 다른 말로 하면 금송아지 숭배입니다.

344명의 목회자들이 제시한 이에 대한 해결책이 두 번째 항목입니다. 오늘날 한국 교회에서 해야 할 가장 중요한 일은 무엇이냐라는 질문에 대하여, 첫째, 성경을 제대로 가르치고 선포해야 한다는 대답이 59.9%, 무엇보다도 교회다운 교회가 되도록 해야 한다는 대답이 24.4%였으며, 그밖에 사회 정의와 정치 문제에 대한 관심이 4.1%, 사회복지에 구체적으로 참여하는 일 4.1% 등의 대답이 나왔습니다.

마이클 그리피스는 《기억상실증에 걸린 교회》라는 책에서, 교회의 본질을 잊은 채로 살아가는 현대 교회를 잿더미 속에서 누더기를 걸치고 왕자만을 기다리는 꼴불견 신데렐라에 비유하고 있습니다. 그 왕자는 다름 아닌 돈입니다. 교회가 성도들로 하여금 예수님을 기다리도록 만들지 아니하고 세속적인 번영만을 기다리게 한다는 것입니다.

세상이 부패하고 타락한 것은 교회가 타락하였기 때문입니다. 교회의 타락이란 성도들로 하여금 부귀영화, 무병장수만을 추구하게 하고, 복을 빌어주는 행위에 많은 에너지를 쏟는 것을 말합니다.

이에 대한 유일한 해결책은 말씀으로 돌아가는 것입니다. 이것은 16세기 종교개혁의 슬로건이기도 합니다. 성경을 제대로 가르치고 선포하는 일이 무너진 세상을 바로 세우는 길이며, 교회가 교회다워지는 일입니다.

실존주의 소설가 까뮈는 "그리스도인이 할 일은 그리스도인답게 살아주는 일이다"라고 말했습니다. 무신론자로서 까뮈의 말은, 그리스도인들은 세상에 대하여 이런저런 말을 늘어놓지 말고 너희들끼리 잘 살라는 것이 아니라, 이 외롭고 황량한 세계에 참 소망을 보여달라는 간청입니다.

오늘 본문 말씀은 이렇게 시작합니다.
"내가 오늘날 복과 저주를 너희 앞에 두나니"(신 11:26).
하나님께서 그렇게 말씀하시면서 가나안 땅에 있는 두 산 중 그리심 산은 '축복의 산'으로, 에발 산은 '저주의 산'으로 선포하라고 하십니다. "네 하나님 여호와께서 네가 가서 차지할 땅으로 너를 인도하여 들이실 때에 너는 그리심 산에서 축복을 선포하고, 에발 산에서 저주를 선포하라"(신 11:29).
그리심 산과 에발 산은 서로 마주보고 있습니다. 사마리아 동남쪽에 넓게 펼쳐진 평원에 솟아 있는 두 산은 멀리서도 잘 보입니다.

하나님께서 이렇게 명령하신 것은 언제나 내 발걸음을 살펴보라는 뜻일 것입니다. 내가 가는 길이 축복의 산을 향하고 있는가, 아니면 저주의 산으로 향하고 있는가를 살펴보라는 말씀입니다.

산다는 것은 끝없는 선택의 과정입니다. 그 선택은 인생에 엄청난 영향을 미칩니다. 중간은 없습니다. 나의 선택이 복이냐 저주냐를 결정할 뿐 결코 중간은 없습니다. 겉으로 보면 그게 그것인 것 같습니다. 그러나 눈에 보이지 않는 사소한 선택이라도 잘못된 선택은 나를 저주의 산으로 한발 한발 인도하고 있음을 알아야 합니다.

또 하나 중요한 것이 있습니다. 축복의 산인 그리심 산은 해발 854미터이며, 저주의 산인 에발 산의 높이는 919미터로 저주의 산이 더 높습니다. 사람들은 그저 높이만 올라가면 성공이라고 생각하고 복 받았다고 생각합니다. 그러나 실상은 정반대입니다.

아브라함이 롯에게 말합니다. "네 앞에 온 땅이 있지 아니하냐. 나를 떠나가라. 네가 좌하면 나는 우하고, 네가 우하면 나는 좌하리라"(창 13:9).

롯이 온 땅을 바라봅니다. 어떤 땅이 더 유리할까? 어떤 땅에서 이익을 더 많이 볼까? 눈에 들어온 것은 소돔과 고모라 땅이었습니다. "온 땅에 물이 넉넉하니 여호와께서 소돔과 고모라를 멸하시기 전이었으므로, 여호와의 동산 같고 애굽 땅과 같았더라"(창 13:10). 겉으로 보기에는 그 땅이 풍요로운 땅이었습니다. 에덴동산처럼 아름답고, 이집트처럼 비옥한 땅이었습니다. 그러나 그 땅은 저주의 땅이요 심판의 땅이었습니다.

마음에 깊이 각인시키십시오. 오직 믿음의 눈으로, 하나님의 지혜의 눈으로 바라보는 사람만이 진정한 축복의 산에 오를 수 있습니다. 그런 하나님의 시각과 지혜를 가르쳐주는 것이 바로 성경입니다. 하나님의 말씀, 성경을 사랑하고 하나님을 전적으로 믿는 사람은 겉으로는 손해 보는 것 같으나, 그가 밟는 땅은 바로 축복의 산 정상입니다.

그런데 열심히 애를 쓰면서도 축복의 산에 오르지 못하는 사람들이 있습니다. 내가 성경을 열심히 읽고, 기도 생활을 잘하고 봉사를 열심히 했으니까, 하나님께서 기특하게 여기셔서 좋은 대학에 합격시켜주시고, 출세하게 하시고 건강하게 하시고 부와 권력을 얻게 하시겠지 하고 생각하는 사람들입니다.

고등학교 동기가 사업을 하다가 그만 감옥에 갔습니다. 절대 파렴치범은 아닌데, 사업을 하다 보니 뜻밖의 일을 당하였습니다. 그 친구는 신실한 기독교인으로, 감옥에서도 열심히 전도를 하고 있습니다. 저는 그에게 이런 말을 하였습니다. "모든 것을 하나님께 맡기고 좀 쉬다가 나오시게. 하지만 감옥에서도 이렇게 열심히 전도하니까 하나님께서 빨리 풀어주시겠지 하는 생각은 하지 않기를 바라네."

대가를 바라고 신앙생활을 하는 것이 바로 율법주의입니다. 하나님의 은총 대신 자기 의를 이루려는 사람들이 바로 율법주의자, 바리새인들이었습니다. 그들은 평생을 누구보다 애썼으나, 끝내 그들이 오른 산은 저주의 산인 에발 산이었습니다.

예전에는 소록도에 가면 한센 병에 걸린 남편을 따라온 건강한 아내들이 있었습니다. 그 남편을 사랑하기 때문입니다. 그런데 절대로 따라오지 않는 두 부류의 사람이 있었다고 합니다. 병에 걸린 아내를 둔 남편과 첩妾입니다. 첩을 한자로 쓰면, 설 립立 자를 머리에 이고 있는 여女 자의 형상입니다.

'서 있는 여자'가 첩입니다. 첩은 아양도 떨고, 비위도 맞추고, 열심히 일도 하고 맛있는 것도 장만하고, 때로는 화난 척, 토라진 척도 합니다. 그런데 이 모든 행동에는 단 하나의 의도와 목적이 있습니다. 오로지 남자로부터 무엇인가를 얻기 위해서입니다.

만일 남자로부터 나올 것이 없으면 첩은 손을 털고 가버립니다. 첩은 '떠나는 여자'입니다. 첩과 같은 마음으로 사는 아내나 남편도 대단히 많습니다. 그래서 많은 것을 가졌음에도 불구하고 불행합니다.

하나님께서 모세를 통해 말씀하십니다.

"너희가 만일 내가 오늘 너희에게 명하는 너희의 하나님 여호와의 명령을 들으면 복이 될 것이오, 너희가 만일 내가 오늘 너희에게 명하는 도에서 돌이켜 떠나 너희의 하나님 여호와의 명령을 듣지 아니하고 본래 알지 못하던 다른 신들을 따르면 저주를 받으리라"(신 11:27).

하나님을 사랑하지 않으면서도 하나님으로부터 무엇인가 얻어내고 또 화를 면하려고 하나님의 명령을 지키는 사람들이 너무나 많습니다. 첩의 마음으로 하나님을 섬기는 사람들입니다. 그래서 축복의 산에 오르지 못하고 마침내는 하나님으로부터 등을 돌리고 떠나버립니다.

그렇다면 축복의 산은 과연 어디 있는 것일까요?

한 농부가 황폐해진 농장을 사들였습니다. 사람 키만큼 자란 잡초와 낡고 헐어버린 창고, 돌멩이로 가득한 텃밭. 그러나 농부는 열심히 농장을 가꾸기 시작했습니다. 목사님이 땀 흘려 일하고 있는 농부에게 다가와 말했습니다. "하나님과 함께 멋진 농장을 가꾸시기 바랍니다."

그렇게 몇 달이 지나고 목사님이 다시 농장 앞을 지나게 되었는데, 농장은 말끔하게 치워지고 잘 익은 곡식과 가축들로 가득한 것을 보게 되었습니다.

"대단하군요! 역시 하나님의 능력은 놀랍습니다!" 감탄하는 목사님의 말에 농부가 이렇게 말했습니다. "하지만 목사님, 이걸 생각해보세요. 전에 하나님 혼자 농장을 가꾸실 때는 어땠는지?"

그저 웃자고 하는 이야기가 아닙니다. 이 이야기는 대단히 중요한 복음의 진리를 담고 있습니다.

'땅'을 의미하는 히브리어는 두 가지입니다. '에레츠erets'와 '아다마adamah'입니다.

하나님께서는 자신의 뜻을, 숱한 언어들 중에 히브리어를 택하여 전하셨습니다. 그런데 히브리어는 어휘가 대단히 빈약한 언어라서 한 단어가 여러 가지 뜻을 나타내는 경우가 대단히 많습니다. 예를 들자면, 바다를 의미하는 얌yam이라는 단어는 호수뿐만 아니라 그릇에 담긴 물까지 지칭합니다. 그런데 '땅'은 두 종류로 나누었습니다. 여기에는 하나님의 깊은 뜻이 있습니다.

천지를 창조하실 때 하나님께서 만드신 땅은 '에레츠'입니다. 그런데 인간을 만드실 때 사용한 땅(흙)은 '아다마'입니다. '여호와 하나님이 흙으로 사람을 지으시니'라고 할 때, "하나님이 '아다마로 '아담'을 지으시니"입니다. '아다마'로 만드셔서 '아담'입니다. 그렇다고 해서 에레츠와 아다마는 질이 다른 땅이 아닙니다.

아직 아담을 창조하시기 전의 천지를 성경은 다음과 같이 묘사하고 있습니다. "여호와 하나님이 땅(에레츠)에 비를 내리지 아니하셨고 땅을 갈 사람도 없었으므로 들에는 초목이 아직 없었고 밭에는 채소가 나지 아니하였으며 안개만 땅에서 올라와 온 지면을 적셨더라"(창 2:5-6).

곧이어 하나님께서는 흙(아다마)으로 사람(아담)을 지으시고, 그 땅(에레츠)을 아담에게 맡기셨습니다. 그러자 하나님께서 마련해 주신 땅(에레츠)은 아담이 어떻게 경영하느냐에 따라 그 운명이 결정되는 '아다마'가 되었습니다.

열심히 잘 가꾸면 사랑과 생명과 기쁨이 솟아나는 아름다운 에덴동산이 될 것이며, 그렇지 않으면 누구도 살 수 없는 황폐한 곳이 될 것입니다.

이것이 하나님의 창조 원리 중에서 가장 중요한 사항입니다. 종교생활을 열심히 하는 사람을 어여삐 여겨 저절로 에덴동산으로 만들어주시는 것이 절대로 아닙니다. 올바로 생각하고 힘써 가꿔야 내 아다마가 에덴동산이 됩니다.

"그런데 목사님, 저는 송곳 하나 꽂을 땅도 없으니 가꾸고 말고 할 것도 없는데요"라고 질문하는 사람도 있을 것입니다.

아다마는 단순한 땅이나 토지를 의미하지 않습니다. 삶의 전 영역을 말합니다. 가장 중요한 아다마는 바로 '나 자신'입니다. 나를 어떻게 경영하느냐에 따라, 아무리 낮고 척박한 상황에서 출발했어도 풍성한 열매를 거둡니다. 조건은 단 하나, 반드시 하나님과 함께 경영해야 한다는 것입니다.

아담과 하와가 하나님께서 금하신 나무의 실과를 따먹자 하나님께서 이런 말씀을 하십니다. "땅은 너로 말미암아 저주를 받고 너는 네 평생에 수고하여야 그 소산을 먹으리라. 땅이 네게 가시덤불과 엉겅퀴를 낼 것이라. 네가 흙으로 돌아갈 때까지 얼굴에 땀을 흘려야 먹을 것을 먹으리니 네가 그것에서 취함을 입었음이라. 너는 흙이니 흙으로 돌아갈 것이니라"(창 3:17-19).

땅은 정직하다는 말도 옛말이 되었다고 합니다. 열심히 농사를 짓는데도 살기가 어렵다고 합니다. 하지만 곰곰이 생각해봐야 합니다. 농사는 이미 '도박'이 되고 '투기'가 되었습니다. 아무리 하나님께서 도와주셔서 배추 풍년이 되어도 배추값이 폭락하면 사람들은 성이 나서 배추밭을 갈아 엎어버립니다.

하나님의 뜻이 아니라 경제 논리로 아다마를 경작하므로 하나님께서 도와주셔도 그 은혜를 보지 못합니다. 은혜를 모를 뿐만 아니라 언제나 부족하고 심지어 화가 납니다.

  교회도 마찬가지입니다. 교인 수가 얼마나 늘었는가, 헌금 액수가 얼마인가가 평가 기준이 되어버렸습니다. 하나님의 일이나 목회마저도 '숫자 놀음'으로 전락해 버렸습니다. 숫자에 얽매여 사는 한, 하나님께서 맡기신 '아다마'는 겉으로는 화려할지 몰라도 속에는 가시덤불과 엉겅퀴가 무성할 뿐입니다.

  에덴동산은 놀고먹는 곳이 아닙니다. 에덴동산에도 노동이 있었습니다. "여호와 하나님이 흙으로 각종 들짐승과 공중의 각종 새를 지으시고 아담이 무엇이라고 부르나 보시려고 그것들을 그에게로 이끌어가시니 아담이 각 생물을 부르는 것이 곧 그 이름이 되었더라"(창 2:19).

  타락 이전 에덴동산에서 아담이 한 일은 각 사물의 이름을 짓는 것이었습니다. 하나님께서 천하 만물을 창조하셨지만 이름 짓는 일은 아담의 몫이었습니다.

  '이름을 준다'는 것은 그저 입으로만 하는 행위가 아닙니다. 이름을 더럽혔다고 목숨을 버리기도 합니다. 이름을 빛내기 위해서는 목숨을 거는 수고가 있어야 합니다. 이름을 준다는 것은 그 존재를 인정하고 돌보고 아름답게 만드는, 운명을 결정하는 총체적인 행위입니다. 즉 아다마를 경영하는 것입니다.

예를 들어봅니다. '자녀는 내 배 아파 낳은 내 새끼'라고 명명하는 순간, 그 아이의 운명은 어두움으로 들어가도록 결정됩니다. 하나님은 자녀를 '하나님의 상급'이라고 하십니다. '뭐니 뭐니 해도 머니가 최고야'라고 생각하는 순간, 그는 돈의 노예로 전락해버립니다. 예수님께서는 두 주인을 함께 섬길 수 없다고 하십니다. 그래서 돈이나 권력을 추종하는 사람들은 돈과 권력이라는 우상에 의해서 반드시 파괴되고 맙니다. '나는 비빌 언덕도 없는 패배자야'라고 스스로를 명명하는 순간, 그는 이미 끝이 나버립니다.

그러나 예수님께서는 가난한 자나 애통하는 자는 복이 있다고 하셨습니다. 그 말씀에 따라 힘을 내어 일어선다면 내 안에 예수님께서 살아나기 시작하며 그분에 의해서 밑바닥 인생도 반드시 살아납니다.

사랑하는 사람에게 가장 큰 선물은 사랑하는 사람 그 자체입니다. 하나님 자신이 성도들에게 가장 큰 선물입니다. 그러므로 하나님께서 함께하신다는 그 사실만으로도 족합니다. 그런 성도는 바로 하나님의 '조강지처'입니다. 그는 어떤 고난도 사랑하는 하나님과 함께 감수합니다. 그런 사람만이 축복의 산에 오를 수 있습니다.

아브라함은 그런 사람이었습니다. 그래서 100세 때 얻은 이삭까지도 내어놓을 수 있었고 마침내 축복의 산, 모리아 산 정상에 오를 수 있었습니다. 모리아 산 정상에서 하나님께서 말씀하십니다. "네가 이같이 행하여 네 아들 네 독자도 아끼지 아니하였은즉, 내가 네게 큰 복을 주고 네 씨가 크게 번성하여 하늘의 별과 같고 바닷가의 모래와 같게 하리니 네 씨가 그 대적의 성문을 차지하리라" (창 22:16-17). 모리아 산은 곧 여호와의 산에서 모든 것이 준비되리라는 여호와 이레의 산입니다. 아들보다 하나님을 더 사랑하는 사람만이 오를 수 있는 산입니다.

예수님은 사람이 보기에 가장 저주스러운 산에 오르셨습니다. 바로 갈보리 산입니다. 이 갈보리 산 정상에서 십자가에 못박히시고 피와 물을 모두 쏟으시고 가장 큰 고통 속에 죽으셨습니다. 이 모든 것이 하나님께서 명령하셨기 때문입니다. 예수님은 하나님을 자신의 목숨보다 사랑하시므로, 하나님의 말씀을 이루기 위하여 갈보리 산에 오르셨고, 그보다 더 높이 세워진 십자가 위에서 죽으신 것입니다. 그 무서운 저주 앞에 대적들은 좋아했고, 예수님을 따르던 무리는 무서워 모두 도망치고 말았습니다.

그러나 하나님께서는 목숨을 버려 말씀에 순종하신 예수님을 살리셨습니다. 예수님은 부활하셨습니다. 그러자 저주의 갈보리 산이 이 땅에서는 볼 수 없었던 축복의 산이 되었습니다. 그 산에서 나오는 능력과 영광이 하나님을 사랑하고 그의 말씀에 순종하는 모든 사람들을 살려내고, 나아가서 의롭게 하고 영화롭게 하였습니다.

  하나님께서는 약속하십니다.

  "너희가 밟는 모든 땅 사람들에게 너희를 두려워하고 무서워하게 하시리니 너희를 능히 당할 사람이 없으리라"(신 11:25).

13강 | 신명기 12:8-14

하나님의 이름을 부를 때

야훼의 이름을 부르는 것은 단순한 사건이 아닙니다. 그것은 눈에 보이지 않는 하나님, 온 천하를 만드신 하나님과 내가 인격적인 관계, 사랑의 관계로 돌입함을 의미합니다.

신명기 13강

지인 중 한 사람인 조 목사는 S대 건축과를 졸업하고 국내 굴지의 건설회사에 들어가 유능한 간부 자리까지 이른 사람인데, 늦은 나이에 전도를 받아 교회를 다니기 시작하였습니다.

어느 날, 다른 때보다 일찍 퇴근해보니 집에는 아무도 없고 조용하였습니다. "다들 어디 간 거지?" 하는 생각과 함께 한 가지 생각이 머리를 스치고 지나갔습니다. 기도란 것을 해봐야겠다는 생각이었습니다. 집에는 아무도 없고, 기도하기에는 시간이 꽤 적절해 보였습니다. 벽을 향하여 무릎을 꿇고 앉았습니다. 난생 처음으로 기도란 것을 해보는 순간이었는데, 처음에는 별다른 생각이 들지 않았습니다. 전혀 진지하지도 않았습니다. 그렇게 한참을 앉아 있다가, 일단 하나님의 이름을 부르기로 하였습니다.

"여호와 하나님." 처음으로 불러보는 이름이었습니다. 그에게는 너무나 생소한 이름이었습니다. 그동안 교회에 나가 앉아 있었지만, 다른 사람들이 하나님을 부르는 소리만 들었을 뿐이었습니다.

"여호와 하나님 아버지." 하나님의 이름을 다시 불렀지만, 다음 말을 이을 수가 없었습니다. 할 말도 없었습니다. 그저 그 이름만 되뇔 뿐이었습니다. 그런데 하나님의 이름을 반복해서 부르다가 자신도 모르게 목이 점점 메어오기 시작하였습니다. 전혀 예상치 못한 일이었습니다.

"여호와 하나님 아버지." 마침내 통곡하고 말았습니다. 그렇게 그는 하나님께 속한 사람, 하나님의 자녀가 된 것입니다.

내가 그의 이름을 불러주기 전에는
그는 다만
하나의 몸짓에 지나지 않았다.

내가 그의 이름을 불러주었을 때,
그는 나에게로 와서
꽃이 되었다.

김춘수 님의 〈꽃〉이라는 시의 일부입니다. 그저 자기 소견대로 살아가던 한 사람이 하나님의 이름을 부르자, 하나님은 그를 찾아오셔서 이 땅에서는 찾을 수도 볼 수도 없었던 꽃이 되어주셨습니다.

그는 그런 체험을 한 다음날, 샤워를 하며 거울을 통해 자신의 등을 바라보았습니다. 등에는 지난 10여 년 동안 그를 괴롭혔던 피부병이 여전히 흉한 모습으로 번져 있었습니다. 그는 피부병을 향하여 이렇게 말했습니다. "나사렛 예수의 이름으로 명하노니, 피부병아, 나아라." 그러고는 샤워를 마친 다음 출근을 하였습니다.

그날 저녁 집으로 돌아와서 샤워를 하는데, 평소처럼 아내가 등에 약을 발라주면서 놀란 목소리로 말했습니다. "여보, 피부병이 나았어요." 놀라 확인해보니, 정말로 등에 피부병의 허물이 벗어져 있었습니다. 일순간 충격처럼 뇌리에 떠오르는 생각이 있었습니다. "하나님이 살아 계시구나." 그는 모든 것을 뒤로 하고 열심히 공부하여 목사가 되었습니다.

하나님은 우리가 하나님의 이름을 부르기를 간절히 기다리고 계십니다. 하나님의 이름을 부를 때에 우리에게 놀라운 일이 일어납니다. 하나님의 이름 자체에 능력이 있기 때문입니다. 그렇다고 해서 모두 조 목사처럼 지병이 낫는 것만은 아닙니다. 그보다 더한 일들이 일어납니다.

가장 큰 증거 중 하나는, 별 능력도 없고 무식한 열두 명의 제자들에 의해서 퍼져나간 하나님 나라가 아직도 건재하며, 여전히 확장되고 있다는 것입니다.

그 비밀은 무엇일까요?

요셉은 열일곱 살에 노예로 팔려갔습니다. 그는 삼십 세에 당시 최대 강대국인 애굽의 총리대신이 되어 애굽뿐만 아니라 인근 족속들을 살린 위대한 인물입니다.

그런데 우리더러 요셉의 의지와 절개를 배우라 한다면, 성경은 그저 위인전일 뿐입니다. 물론 요셉의 의지와 깨끗한 성품과 절개를 배워야 합니다. 그러나 하나님께서 요셉을 통하여 우리가 보기 원하시는 다른 것이 있습니다. 다시 말해서, 하나님께서 우리에게 요구하시는 것은 알렉산더의 불굴의 의지와 지혜를 배우라는 것이 아닙니다. 세계 제패의 야망을 가지라는 것이 아닙니다. 시저가 되고, 칭기즈칸이 되라는 것이 아닙니다.

성경은 복음입니다. 복음과 위인전은 근본부터 다릅니다. 성경을 복음이라고 부르는 이유는, 첫째, 성경은 하나님으로부터 온 것이며, 둘째, 누구라도 차별 없이, 하나님을 믿고 하나님의 방법대로 살아가면 구원에 이르고 존귀한 하나님의 사람이 된다는 것입니다.

성경은 세 가지 영원한 것을 우리에게 보여줍니다.

"예수 그리스도는 어제나 오늘이나 영원토록 동일하시니라"(히 13:8). 예수 그리스도는 영원하십니다.

"천지는 없어질지언정 내 말은 없어지지 아니하리라"(마 24:35). 하나님의 말씀은 오늘도 살아 있으며, 영원합니다.

이 영원한 두 가지는 오직 교회에서만 구할 수 있습니다. 나머지는 세상에서 얼마든지 구할 수 있습니다. 이것으로 교회가 해야 할 일이 명확해집니다. 교회에서는 사람들에게 영원하신 하나님의 말씀을 가르치며, 그들로 하여금 영원하신 예수 그리스도를 만나 사랑하게 만드는 일에 총력을 기울여야 합니다. 그런 교회가 가장 훌륭한 교회, 하나님께서 기뻐하시는 교회이며, 그런 교회는 세상 끝날까지 영원합니다.

자, 이제 마지막 한 가지가 남았습니다. 그것이 무엇일까요?

"이 세상도, 그 정욕도 지나가되, 오직 하나님의 뜻을 행하는 자는 영원히 거하느니라"(요일 2:17). 하나님의 뜻을 행하는 사람은 하나님과 그 말씀과 함께 영원합니다.

아무리 소중한 정보라도 내 것이 되지 못하면 소용이 없습니다. 이 세 번째 영원한 것은 각자의 몫입니다.

사도 바울은 "우리가 이 보배를 질그릇에 가졌으니"(고후 4:7)라고 말합니다. 사람은 아무리 대단해도 깨지기 쉬운 질그릇입니다. 그러나 영원한 두 가지를 담으면 우리도 영원한 존재가 됩니다. 신앙생활은 바로 영원한 이 두 가지를 내 안에 담는 과정입니다.

어떻게 담을까요? 하나님과 목사와 교회 섬기기로? 전도·봉사·헌금으로? 일천 번제로? 그보다 더 원초적이고 중요한 것이 있습니다.

사도 바울이 말합니다. "무릇 하나님의 영으로 인도함을 받는 사람은 곧 하나님의 아들(딸)이라. 너희는 다시 무서워하는 종의 영을 받지 아니하고 양자의 영을 받았으므로, 우리가 아빠 아버지라 부르짖느니라"(롬 8:14-15).

여호와 하나님을 나의 아버지로 삼는 것이 가장 먼저 해야 할 일입니다.

"하나님이 누구신데 내가 감히 그분을 아버지로 삼아!"라는 사람들도 있고, 반대로 "하나님이 어디 있는데, 그 양반을 아버지로 삼을 수 있어?"라는 사람들도 있을 것입니다. 후자後者는 하나님을 모르는 사람들의 태도이고, 전자前者는 유대인들의 태도입니다.

유대인들은 하나님의 이름(야훼)을 함부로 입에 담을 수도 없다고 생각하여 하나님의 이름을 언급해야 하는 경우 '아도나이(주)'라고 불렀습니다. 그 결과 하나님의 정확한 이름을 잊을 정도였습니다. 예전에는 하나님의 이름을 '여호와'라고 하다가, 요즈음에는 '야훼'라고 하는 이유가 바로 하나님의 정확한 이름을 잊었기 때문입니다. 그러다가 성서고고학의 발달로 다른 나라의 문서에 언급된 것을 통해서 '여호와'보다는 '야훼'가 더 정확하다는 것을 알게 되었습니다.

예수님께서는 평소에 하나님을 '나의 아버지', '아빠 아버지'라고 부르셨습니다. 이를 두고 유대인들은 너무나 불경하다며 예수님을 십자가에 달아버렸습니다. 이 불경죄가 예수님이 십자가 처형을 당하신 중요한 이유 중 하나입니다.

그러나 야훼 하나님이 내 아버지가 되시는 것은 인간의 자의적인 해석에 의한 것이 아니라, 하나님께서 그렇게 말씀하신 것입니다. 창조주 하나님이 또한 인간을 자신의 형상으로 만드신 (창 1:27) 모든 인간의 아버지라는 것이 창세기 1장의 주제입니다.

다른 종교에서는 특정한 사람만이 신의 자녀가 될 수 있었습니다. 특출한 황제나 왕만이 스스로를 신의 아들이라고 천명하였습니다. 그 신이 임명한 것이 아니라 스스로 임명한 것입니다. 그러나 기독교에서는 그렇지 않습니다. 모든 인간이 하나님의 자녀입니다. 다만 문제는 그가 이 사실을 인정하는지 여부입니다. 타락이란, 내가 하나님의 자녀임을 부인하고 사탄의 말을 따르는 것이고,

구원이란 다시 하나님의 자녀임을 깨닫고 하나님께로 돌아오는 것입니다.

사도 바울이 말합니다. "성령이 친히 우리의 영과 더불어 우리가 하나님의 자녀인 것을 증언하시나니"(롬 8:16).

성령(하나님의 영)께서 '모든 인간은 원래 하나님의 자녀'라는 신호를 보내십니다. 인간의 영적 안테나(우리의 영)가 작동하면 그 신호를 받아들이고, 영이 죽었으면 그 신호를 거부합니다.

성령을 받지 못한 사람들은 야훼 하나님을 거부하거나 무서운 주인으로 섬깁니다. 이를 두고 사도 바울은 '무서워하는 종의 영을 받았다'고 표현하였습니다. 성령을 받은 사람들은 야훼 하나님을 '아빠 아버지'라고 부릅니다. 꼬마들이 아버지를 부를 때 쓰는 '아빠'라는 말입니다.

여기서 누가 성령을 받았는가, 또 누구에게 성령을 주시는가 하는 것이 관건이 됩니다. 어떤 사람들은 특정인에게 특정한 체험으로 주신다고 생각합니다. 하지만 성령은 구하는 사람들이 누구든 차별 없이 주시는 하나님의 선물(눅 11:13)입니다.

앞에서 언급한 조 목사도 처음에는 별 생각 없이 하나님의 이름을 불렀습니다. 그러자 성령이 임하셨고, 하나님은 그의 아버지가 되셨습니다.

20세기 최고의 기독교 변증가인 루이스는, 자신의 재능을 예수와 기독교를 반대하는 데 활발하게 사용했던 안티 그리스도의 대표 주자였습니다. 그런데 어느 날 클럽 하우스에서 동료 학자가 신문을 보며, "하, 이놈들, 또 예수가 부활했다는 논문을 썼네" 하고 혼잣말을 하는 것을 들었습니다. 평소 같으면 동조하고 나섰을 터인데 그날따라 다른 생각이 들었습니다. "왜 그들은 저 얼토당토않은 주장을 굽히지 않는 것일까?" 그러고는 예수와 기독교를 반대하기 위해 읽던 성경을 다시 읽어보았습니다. 그런데 이상하게 성경 구절들이 다른 각도에서 그의 뇌리를 때렸습니다. 그 구절들이 가리키는 하나님의 세계가 눈에 들어오기 시작하였고, 누구보다도 깊이 그 세계로 들어갔습니다. 이후 루이스의 탁월한 언어적 재능은 하나님의 세계를 그려내는 데 유감없이 발휘되었습니다.

  성령 체험은 희한하고 별스런 체험만이 아닙니다. 성령께서 조용히 긴 시간을 통해서 천천히 한 걸음씩 나를 찾아오실 수도 있습니다. 중요한 것은 마음을 열고 성경의 내용들을 받아들이는 것입니다.

  이렇게 하나님을 아빠 아버지로 받아들인 후에 한 가지 할 일이 더 있습니다. 그 '아버지 하나님을 신뢰'하는 일입니다. 하나님 신뢰의 가장 기초적인 일은 그 이름에 담긴 의미를 내 것으로 삼는 것입니다.

하나님께서는 목동 모세에게 나타나셔서 친히 자신의 이름을 계시하셨습니다. "너는 이스라엘 자손에게 이같이 이르기를 스스로 있는 자가 나를 너희에게 보내셨다 하라. 너희 조상의 하나님 곧 아브라함의 하나님, 이삭의 하나님, 야곱의 하나님 여호와께서 나를 너희에게 보내셨다 하라"(출 3:14-15).

하나님의 이름은 '야훼' 곧 '스스로 있는 자'라는 뜻입니다. 세상에 존재하는 모든 것들은 스스로 있는 것 같지만, 사실 상호 의존하며 존재합니다. 그 중에 가장 의존성이 높은 피조물은 다름 아닌 인간입니다. 어떤 동물들은 태어나자마자 걷습니다. 세포들은 생성되는 순간 성체가 되어 또 다른 세포로 증식하기도 합니다. 그런데 인간의 양육기간은 생물 중에서 가장 길어 이십 년 정도나 됩니다. 그렇게 길면서도 평생 철이 들지 않는 사람들도 꽤 많습니다. 그럼에도 불구하고, 사람이 스스로 가장 독립적인 존재라고 생각하는 것은 아이러니가 아닐 수 없습니다.

인간이 알고 있는 가장 큰 존재는 우주입니다. 끝이 없을 것 같은 광대한 우주도 놀랍게도 끝이 있다고 합니다. 정확하지는 않지만 그 크기가 150억 광년 정도이며, 그 모양은 말안장처럼 생겼다고 합니다. 그리고 주기적으로 팽창과 축소를 반복한다고 합니다. 자세한 것은 과학자들에게 물어야 할 것이지만, 가장 중요한 것은 그 광대한 우주 너머에 무엇이 존재하느냐는 것입니다. 바로 스스로 존재하시는 하나님이십니다.

여호와 하나님은 그 어떤 존재에도 의존하지 않으십니다. 스스로 계신 분, 바로 창조주이십니다. 그 광대한 우주의 배후를 떠받치고 계시면서도, 동시에 눈에 보이지 않는 원자, 원자보다도 더 작은 존재까지도 관장하고 계십니다.

하나님께서 자신의 이름을 계시하심으로 하나님의 본질을 나타내셨습니다. '야훼'라는 하나님의 이름은 하나님의 품격과 임재와 특성을 드러내고 있습니다. 그래서 중요합니다. 하나님의 품격과 임재와 특성을 드러내는 하나님의 별칭들은 대단히 많습니다.

대표적인 것이 '엘'입니다. '하나님과 겨루었다'는 의미인 '이스라엘', '하나님은 도움이시다'라는 의미인 '엘리에셀', '하나님의 집'이라는 의미인 '벧엘' 등에 나타나는 엘이 바로 하나님을 뜻합니다. 그리고 '엘로힘'이라는 명칭이 있는데, 신성의 모든 충만함이 한 분 하나님께로 집중되어 있음을 의미하는 이 명칭은 가장 흔하게 사용되었습니다.

'전능한 하나님'이라는 의미인 '엘 샤다이'도 중요한 하나님의 명칭입니다.

멜기세덱을 만나 십일조를 드리며 아브라함이 '지극히 높으신 하나님'(창 14:22)이라고 말하는데, 그 명칭은 '엘 엘욘'이었습니다. '영원하신 하나님'을 의미하는 말은 '엘 올람'(창 21:33)입니다. 사라의 여종 하갈이 광야로 쫓겨나 하나님께 부르짖을 때에는 하나님을 '엘 로이'(창 16:13)라고 부르고 있는데, 그 의미는 '감찰하시는 하나님' 또는 '살피시는 하나님'입니다.

천하장사 삼손의 아버지 마노아가 하나님의 이름을 묻자, 천사가 이렇게 말합니다. "어찌하여 내 이름을 묻느냐? 내 이름은 기묘자라"(삿 13:18). 기묘자는 히브리어로 '필리 *pili*'라고 하는데, '기이하고 놀랍다'는 의미입니다. 이는 심오하고 놀라운 역사와 섭리를 이루시는 하나님의 초월적 속성을 나타내는 별칭입니다. 이 모든 이름들이 하나님의 능력을 나타내고 있습니다.

기독교는 계시의 종교입니다. 다른 종교와는 달리, 종교적 천재들의 득도 내지 깨달음에 의해서 창안된 것이 아닙니다. 영이신 하나님, 눈에 보이지 않는 하나님께서 스스로를 계시하심으로 시작된 종교입니다.

계시라는 것은 결코 환상이나 꿈처럼 저급한 것이 아닙니다. 계시란 영어로 reveal인데, 그것은 커버로 덮여 있는 것을 벗겨내는 것을 말합니다. 영원한 신비, 인간의 한계적 능력으로는 도저히 알 수 없는 하나님의 신비를 하나님 스스로 드러내주신 것이 바로 계시입니다.

구약에서 가장 중요한 계시 사건은 바로 하나님의 이름을 드러내신 사건입니다. 신약에서는 육신을 입고 이 땅에 오신 하나님 자신, 곧 예수님 자체가 중요한 계시입니다. 우리의 타락한 눈으로도 볼 수 있도록 하나님께서 육신을 입고 우리 앞에 나타나신 것입니다. 그래서 예수 그리스도는 계시의 중심 중의 중심이며, 최고봉입니다.

야훼의 이름을 부르는 것은 단순한 사건이 아닙니다. 인간에게 가장 중요한 사건입니다. 그것은 눈에 보이지 않는 하나님, 온 천하를 만드신 하나님과 내가 인격적인 관계, 사랑의 관계로 돌입함을 의미합니다.

아직 초대교회의 교인을 부르는 공식 명칭이 없을 때 사람들은 그들을 '이 이름(예수님의 이름)을 부르는 사람'(행 9:21)이라고 불렀습니다. 바나바와 사도 바울이 안디옥에서 열심히 전도하고 가르칠 때였습니다. "둘이 교회에 일 년간 모여 있어 큰 무리를 가르쳤고 제자들이 안디옥에서 비로소 그리스도인이라 일컬음을 받게 되었더라"(행 11:26). 이로써 초대교인들의 공식 명칭이 생겼습니다.

그리스도인은 '그리스도께 속한 사람'이라는 뜻입니다. 예수님의 이름을 부르는 사람이 곧 예수 그리스도께 속한 사람입니다.

예수님께서 말씀하십니다. "세상 중에서 내게 주신 사람들에게 내가 아버지의 이름을 나타내었나이다. 그들은 아버지의 것이었는데 내게 주셨으며, 그들은 아버지의 말씀을 지키었나이다"(요 17:6).

예수님의 전 생애와 사역을 한마디로 요약하자면 하나님의 이름을 나타내는 것이었습니다. 우리로 하여금 눈에 보이지 않는 하나님의 이름을 부르게 하기 위한 것이었습니다.

주님께서 말씀하십니다. "내가 아버지의 이름을 그들에게 알게 하였고, 또 알게 하리니, 이는 나를 사랑하신 사랑이 그들 안에 있고 나도 그들 안에 있게 하려 함이니라"(요 17:26).

하나님의 이름을 부를 때에 하나님의 사랑과 능력이 내 안에 들어오며, 예수 그리스도께서 내 안에 거하십니다.

하나님께서는 모세를 통하여 이스라엘 백성에게 말씀하십니다. "너희는 너희의 하나님 여호와께서 자기 이름을 두시려고 택하실 그곳으로 내가 명령하는 것을 모두 가지고 갈지니, 곧 너희의 번제와 너희의 희생과 너희의 십일조와 너희 손의 거제와 너희가 여호와께 서원하는 모든 아름다운 서원물을 가져가고 너희와 너희의 자녀와 노비와 함께 너희의 하나님 여호와 앞에서 즐거워할 것이요"(신 12:11-12).

하나님의 모든 능력과 사랑을 우리에게 주시고, 이 험한 세상, 위험과 공허와 혼돈으로 가득 찬 세상에서 우리를 보호하시기 위하여, 한 곳을 지정하여 하나님의 거룩한 이름을 두셨습니다. 그곳이 바로 하나님의 성전이며, 곧 교회입니다.

그곳에서 번제를 드리라 하십니다. '번제'는 자기의 전부를 드리는 헌신의 제사입니다. 아무리 무능한 사람이라도, 아무리 허약한 사람이라도, 아무리 나이가 든 사람이라도 자신을 하나님에게 내어놓을 때에 하나님의 능력이 나타나기 시작합니다.

'희생과 십일조'는 하나님의 주인 되심을 인정하는 제사입니다. 하나님을 주인으로 인정하고 섬길 때에, 하나님께서는 나의 앞길을 인도하시고 보호하시며 필요한 모든 것을 공급해주십니다.

'서원제'는 내가 간절히 원하는 것을 하나님께 아뢸 때에 드리는 제사입니다. 이러한 제사는 나 자신뿐만 아니라 내 자녀와 함께 드려야 합니다. 이는 당연한 것입니다. 나만 괜찮으면 된다는 사람은 아무도 없습니다. 나는 어렵더라도, 자녀만은 잘되어야 한다는 것이 부모 마음입니다. 나와 내 자녀가 사는 길은 오직 하나님 전에 나아가 간절한 마음으로 하나님의 이름을 부르는 것입니다.

    부자 아버지를 둔 사람은 벌써 태도가 다릅니다. 그는 자부심을 가지고 살아갑니다. 심지어 야훼 우리 하나님 아버지는 온 우주만물을 만드신 창조주이십니다. 그 하나님께서 말씀하십니다. "너는 항상 나와 함께 있으니 내 것이 다 네 것이니라"(눅 15:31).

신명기 13:1-5 | **14**강

어찌 하오리까?

내가 잘 섬겨서 복을 받아보겠다는 일념으로 하나님을 섬기는 것은
바알 신을 섬기는 것과 전혀 다를 바가 없다는 것을 알아야 합니다.

신명기 14강

"그 책 읽어보셨어요?"

　모 기독교방송국의 유명 대담 프로에 출연하기 위해 방송국에 갔을 때 여성 진행자가 대뜸 저에게 질문을 던졌습니다. 그분과는 이미 몇 차례 함께 방송을 했던 터라 자연스레 대화가 진행되었습니다.

　"어떤 책인데요?" 제가 다시 묻자, 어떤 목사가 천국을 다녀와서 쓴 책이라면서, 그 책에서 천국은 여러 단계로 나뉘어 있고 마더 테레사는 4단계(별로 높은 단계는 아닌 것 같음)에 가 있다고 하면서, 그에 대해 어떻게 생각하느냐고 다시 물었습니다.

　"잘 모르겠는데요." 그런 류의 이야기는 길게 하고 싶지 않아서 간단하게 대답하고 말았습니다. 하지만 그 책에 대한 궁금증이 컸던지 이야기는 계속되었습니다. 천국을 다녀왔다는 그 목사는 모든 일을 접고 선교사로 해외에 나갔다는데, 그 이유는 선교사가 가장 높은 단계에 있기 때문이라는 것입니다.

사람들은 천국에 관해서 큰 관심을 보입니다. 그래서 그런 류의 책들은 잊을 만하면 나오곤 합니다. 또한 종말에 대한 관심도 굉장히 높습니다. 시한부 종말론이나 그에 관한 책들도 잊을 만하면 세상 한 귀퉁이를 소란하게 만듭니다.

로널드 롤하이저가 쓴 《일상에 깃든 하나님의 손길》에는 우리도 곰곰이 생각해봐야 할 이야기가 수록되어 있습니다.

20세기 최고의 기독교 변증가요 작가인 C. S. 루이스는 처음부터 그리스도인은 아니었습니다. 뛰어난 두뇌와 문학적 재능을 겸비한 그는 반기독교 운동에 적극 가담하여 여러 지식인들과 더불어 반기독교적인 글을 많이 썼습니다. 그런 그와 깊은 친분을 나누며 멘토 역할을 한 사람이 《반지의 제왕》으로 유명한 언어학자 톨킨입니다. 루이스는, 기독교에 대한 이야기를 빼고는, 식견이 깊고 넓은 톨킨을 존경하였습니다. 헌신된 그리스도인인 톨킨은 루이스를 만날 때마다 예수님과 기독교의 신뢰성을 설득하려고 애를 썼지만 번번이 허사로 돌아갔습니다. 그러던 어느 날 루이스는 완전히 예수님께 무릎을 꿇게 되는 한마디 말을 듣게 됩니다.

두 사람은 산책을 하며 여러 이야기를 나누다가, 늘 그랬듯이, 예수님과 기독교라는 주제로 돌아왔습니다. 루이스는 이번에도 여러 논리와 증거들을 들며 톨킨의 이야기를 논박하였습니다. 그러자 톨킨은 다음과 같은 간단한 말로 응수하였습니다. "자네가 깨닫지 못하는 것은 자네의 상상력 부족에서 비롯된 것일세!"

오늘날 기독교의 좌절과 침체에는 상상력 부족이 일조를 하였습니다. 교인이든 아니든, 모두 어쩌면 그다지도 '단답형의 답'만을 요구하는지 입을 다물지 못할 지경입니다.

교회에 다니는 내가 죽으면 나는 몇 단계의 천국에 갈까요? 마더 테레사는 가톨릭 수녀입니다. 우리 교회 목사님은 가톨릭이 이단이라고 하시던데, 어떻게 마더 테레사는 천국에 간 것일까요?

예수님께서 이런 말씀을 하셨습니다. "물과 성령으로 나지 아니하면 하나님 나라에 들어갈 수 없느니라"(요 3:5). 과연 예수님께서 천국에 들어가는 가장 간단한 방법을 가르쳐주시려고 이 말씀을 하셨을까요? 물로 세례를 받고 방언이 터지면 무슨 짓을 하더라도 천국에 들어간다는 것일까요?

요즈음 교회 일각에서 '가계의 저주'에 대한 이야기가 뜨고 있습니다. 이에 대한 질문들이 교회 홈페이지나 방송국 홈페이지를 통해서 계속 올라옵니다. '어떤 사람들에게는 가계의 저주란 것이 내려져 있고, 그것을 반드시 풀어야 하는데 그 저주를 풀 수 있는 사람이 바로 나(그 교회 담임 목사)'라는 것입니다. 예전부터 주로 떠돌이 중이나 무당들이 단골로 사용하는 이런 수법이 언제부터인가 기독교에 들어와서 판을 흐리고 있습니다.

무당은 내 인격 고양과 성품 발전에 대해서 말하지 않습니다. 누구든 복채만 내면, 상대방을 해할 비책까지(그것의 효력 여부는 불문하고) 가르쳐줍니다. 그것도 단답형으로 아주 명쾌하게! 이런 사람들에게 휘둘리는 이들이 반드시 기억해야 할 구절이 있습니다. "야곱을 해할 사술이 없고 이스라엘을 해할 복술이 없도다" (민 23:23). 이 말씀을 마음에 아로새기고, 그런 말에 절대로 놀아나지 말아야 합니다.

'일천번제'는 최고의 복을 받는 비결로 여러 교회에 유행처럼 번지고 있습니다. 이는 불교의 '천일기도'와 전혀 다를 바가 없는 것으로, 천 일 동안 일정한 헌금을 바치며 드리는 '기독교의 신종굿'입니다.

솔로몬이 과연 '일천' 마리의 송아지를 바쳤을까요? 한꺼번에 바쳤을까요, 아니면 나눠서 바쳤을까요? 일천 번제는 그런 것이 아닙니다. '일천 번제'이지 '일천 번 제'가 아닙니다. '일천'이란 숫자는 '최고의', '더할 수 없는'이란 뜻이며, '번제'는 '헌신'이란 의미입니다. 그러므로 '일천 번제'는 최고의 헌신을 하나님께 서약하였다는 의미입니다.

또, 요즈음 교회에서 은밀하게 퍼져나가는 것이 '소위 기도하는 사람들'에게 길흉과 미래를 묻는 행위입니다. 잘 아는 여자 장로 한 분은 저를 만날 때마다 '신령한 분'이 있는데 한번 꼭 만나보라고 권유합니다.

좋습니다. 제가 '신령한 기도하는 권사님'을 만나 무엇을 물어야 할까요? 포이에마 예수교회가 앞으로 발전하겠는가? 언제 1만 명을 돌파하겠는가? 어떤 교인을 쫓아낼 것인가? 시원찮은 내 자녀들의 앞날은 어찌될 것인가? 마지막으로 나는 죽어서 몇 단계 천국에 갈 것인가, 아니면 (물세례는 받았지만 방언은 못하므로) 지옥에 갈 것인가?

사람들이 '기도하는 사람들'을 만나면 무엇을 물어볼까요? 그 질문들과 미아리 점쟁이들에게 물어보는 것의 차이는 무엇일까요? 십자가를 걸어놓았고, 아기 동자가 아니라 성령님께 물으니까 괜찮다는 것입니까?

그렇게 하여 그리스도인이 된 C. S. 루이스는 상상력을 발휘하여 수많은 책을 씁니다. 그중 하나인 《천국과 지옥의 이혼》에는 이런 대목이 나옵니다.

 천국와 지옥을 오가는 셔틀버스가 있습니다. ("네에? 정말이에요?"라고 하지 마시고 상상력을 동원하여 따라와보십시오.) 그 셔틀버스는 언제든지 지옥에서 천국으로 갈 수 있습니다. 늘 사람들이 많이 탑니다. 천국은 좋은 곳이라고 들었으니까요. 땅에 있을 때 설교를 잘해서 유명해진 목사가 그 버스에 탔습니다. 네, 그 목사님도 지옥에 있었습니다. 천국에 도착해보니 천국은 참 아름답고 좋은 곳이었고, 무엇보다도 사람들이 많았습니다. 지옥에는 사람들이 집에 틀어박혀 서로 교류가 전혀 없고, 만났다 하면 싸우니까요. 신이 난 목사님은 오랜만에 옛 실력을 발휘하고픈 생각이 들었습니다.

 높은 곳에 올라 말문을 열었습니다. "여러분! 예수를 믿으십시오. 그분은 하나님의 아들임에도 이 땅에 내려와 우리 죄를 구속하기 위해 십자가에 돌아가셨습니다아." 그런데 웬일인지 사람들이 모여들지 않습니다. 예수님에 대해서 설교를 하는데도 별 관심을 보이지 않는 것입니다. 더욱 목소리를 높였습니다. 화려한 제스처와 화법을 동원해보았지만 결과는 신통치 않았습니다. 점점 화가 나기 시작한 목사님은 더욱 소리를 높여 예수님을 거부하는 사람들은 지옥 불에 떨어질 것이라고 선포하였습니다. 그러나 여전히 사람들이 모여들 기미가 보이지 않았습니다. 마침내 소리쳤습니다. "내가 얼마나 유명한 목사인지 몰라?! 세상에서는 내가 입만 열었다 하면 수천 명은 모여들었어! 이 멍청한 것들!" 그러고는 이렇게 말했습니다. "이곳이 진짜 천국이라면 다시는 이곳에 오나 봐라. 나 같은 사람도 못 알아보는 곳이 무슨 천국이야 천국은!" 그러고는 다시 셔틀버스에 올랐습니다. 그 버스에는 지옥에서 올라왔던 그 사람들이 고스란히 타고 있었습니다. 이유는 모두 대동소이했습니다.

모세가 입을 열어 이스라엘 백성에게 말하기 시작합니다.

"너희 중에 선지자나 꿈꾸는 자가 일어나서 이적과 기사를 네게 보이고 그가 네게 말한 그 이적과 기사가 이루어지고 너희가 알지 못하던 다른 신들을 우리가 따라 섬기자 하고 말할지라도" (신 13:1-2).

거짓 선지자가 아닙니다. 엉터리 꿈쟁이가 아닙니다. 하나님의 이름으로 행하는 선지자와 예언가들을 말합니다. 이적과 기사를 약속하고 그 이적과 기사가 그 말대로 이뤄집니다. 그러니까 그의 예언이 족집게처럼 맞아떨어지고 그의 비책이 통했다는 말입니다.

그런데 잠깐! 그 선지자나 꿈꾸는 자가 하는 말은 "네가 알지 못하던 다른 신들을 우리가 따라 섬기자"는 것이니까 이단이나 가짜 기독교인을 지칭하는 것이 아니냐고 반문하는 사람들도 있을 것입니다. 이 문제는 좀 더 이야기를 진행한 후에 짚어보도록 하겠습니다.

하여간 그가 아무리 신통한 능력을 가져서 이적과 기사가 그가 말한 대로 이루어지더라도 "너는 그 선지자나 꿈꾸는 자의 말을 청종하지 말라"(신 13:3)고 당부합니다. 모세의 당부는 여기서 멈추지 않습니다. "그런 선지자나 꿈꾸는 자는 죽이라"(신 13:5). 보통 심각한 당부가 아닙니다. 그런데 모세는 여기서 더 나아갑니다.

'네 어머니의 아들 곧 네 형제나 네 자녀나 네 품의 아내나 너와 생명을 함께하는 친구'가 너를 꾀어 가보자고 한다면, "너는 그를 따르지 말며 듣지 말며 긍휼히 여기지 말며 애석히 여기지 말며 덮어 숨기지 말고 너는 용서 없이 그를 죽이되 죽일 때에 네가 먼저 그에게 손을 대고 후에 뭇 백성이 손을 대라"(신 13:8-9).

이렇게 구체적이고 가혹한 구절은 신명기의 어느 구절에도 없고, 신구약 어느 성경에도 없습니다. 그만큼 이 일을 하나님께서 심각하게 여기신다는 것입니다. 하나님께서 심각하게 여기시면 우리도 당연히 그렇게 생각하며 조심하고 삼가고 어떤 경우에도 그렇게 하지 말아야 합니다.

 신문마다 오늘의 운세가 나와 있습니다. 안 보는 사람이 거의 없을 것입니다. '양띠/귀인을 만날 것'이라는 말에 만나는 사람마다 저 사람이 그 귀인인가 생각합니다. 그러다가 사기꾼에게 덜커덕 걸려듭니다. 행여 맞았다고 칩시다. 아침마다 오늘의 운세부터 봅니다. 하루 종일 그 문구가 머리에서 떠나질 않습니다. 그럴진대 하물며 하나님께 '기도'하는 사람이 십자가를 걸어놓고 해주는 말이 머리에서 떠날 리가 있겠습니까?

 직장에서 해고되었습니다. 앞길이 막막합니다. 하나님께 부르짖어 기도해도 별 응답이 없습니다. 기도하는 권사님을 만나 여쭤보니 치킨집을 하라고 하십니다. 그래서 이리저리 빚을 내어 차렸습니다. 좀처럼 매상이 오르지 않습니다. 십일조는 서원하는 것이라고 연초에 목사님이 강조하셨기에 금액을 과하게 책정하여 서원하였습니다. 서원한 것은 반드시 지켜야 한다고 해서 없는 돈에 빚을 내어 십일조를 하였습니다. 새벽기도를 해야 복을 받는다고 해서 피곤한 몸을 이끌고 열심히 나가서 기도합니다. 그런데도 이자 물 돈도 벅찹니다. 어찌하오리까?

 이 이야기는 지어낸 이야기가 아니라 제게 장문으로 문의해온 내용입니다.

치킨집이 성공하기 위해서는 십일조와 새벽기도에만 몰두할 것이 아니라 다른 집보다 치킨을 맛있게, 싸게 만들어 내놓아야 합니다. 그리고 무엇보다 빚을 내어 장사하지 말아야 합니다. 아무리 세상이 어려워도 부부가 함께 열심히 일하면 빚을 내어 장사하는 것보다 돈을 더 많이 법니다.

또한 십일조를 서원하라고 목사가 독려할 때 사용하는 구절은 뻔합니다. 야곱이 벧엘에서 하나님을 만났을 때(창 28장)입니다. "하나님께서 내게 주신 모든 것에서 십분의 일을 내가 반드시 하나님께 드리겠나이다"(창 28:22). 이 구절을 잘 살펴보십시오. 야곱의 서원은 '십일조 액수'가 아니라 '십일조'입니다. 그 달에 100만 원을 벌었으면 10만 원을 하는 것이지, 연초에 매달 100만 원을 서원했다고 해서 그 달 수입이 50만 원인데도 빚을 내어 100만 원을 드린다는 것이 아닙니다. 왜 연초에 100만 원을 하겠다고 서원했을까요? 그렇게 하면 매달 1,000만 원의 수입이 생길 것이라는 목사님의 설교를 믿었기 때문입니다. 그때 그 목사님은 분명 말라기서를 인용하셨을 것입니다. "온전한 십일조를 창고에 들여 나의 집에 양식이 있게 하고 그것으로 나를 시험하여 내가 하늘 문을 열고 너희에게 복을 쌓을 곳이 없도록 붓지 아니하나 보라"(말 3:10).

십일조로 하나님을 시험해보라고요?

말라기서는 구약의 마지막 책입니다. 그토록 많은 선지자들을 보내어 이스라엘을 올바른 길로 인도하려고 하셨지만 백성들은 자기 방식대로 하나님을 섬기며 복만을 구했습니다. 말라기 선지자가 전한 내용들은 속이 상할 대로 상하신 하나님의 '마지막 외침'입니다. 저는 말라기서를 하나님의 절규로 듣습니다. 하나님께서는 하늘 문을 쾅 닫으시고 돌아앉으셨습니다. 그러고는 200년 동안 하나님의 사람을 보내지 않으셨습니다. 하나님은 침묵하셨습니다. 우리도 자녀들을 가르칠 때, 하다하다 말을 안 들으면 입을 다물어버립니다. "그래, 네 마음대로 해봐라." 그와 같습니다.

그러고는 하나님께서 친히 육신을 입고 이 땅에 오셨습니다. 그분이 바로 예수님이십니다.

예수님께서 받으신 세 번의 시험 세트는 대단히 기독교적입니다. 사탄이 하나님의 성전으로 예수님을 데리고 갑니다. 시시한 교회 건물이 아닙니다. 세계에 하나밖에 없었던 웅장한 성전입니다. 심금을 울리는 목소리로 장엄하게 성경 말씀을 읊습니다. "하나님이 너를 위하여 그 사자들을 명하사 너를 지키게 하시리라 하였고, 그들이 손으로 너를 받들어 네 발이 돌에 부딪치지 않게 하시리라 하였느니라." 이어서 사탄이 예수님께 말합니다. "네가 만일 하나님의 아들이어든 여기서 뛰어내리라"(눅 4:9).

예수님께서는 조용히 말씀하셨습니다.

"주 너희 하나님을 시험하지 말라"(눅 4:13).

십일조로 하나님을 시험해보라는 목사의 말, 미래를 알려준다는 기도하는 사람들의 말에 수많은 교인들이 높은 데서 뛰어내립니다. 믿는 사람도 높은 데서 뛰어내리면 사망 내지 부상입니다. 혹 손끝 하나 다치지 않는 사람도 있기는 합니다. 그러나 예수님을 잘 믿어서가 아닙니다. 믿지 않는 사람들 중에도 그런 기적을 경험하는 사람들이 있습니다. 비율은 똑같습니다.

이제 '네가 알지 못하던 다른 신'에 대한 이야기를 하겠습니다.

하나님은 우리가 도저히 헤아릴 수 없는 분이십니다. 그러나 단 한 가지는 알 수 있습니다. 하나님께서 어떤 일을 하시든지, 어떤 성향의 존재로 현현하시든지, 그 중심은 '사랑'이라는 것입니다. 조금 전에 언급한 모든 종교 행태는 하나님의 사랑이나 하나님에 대한 사랑과는 아무런 관계가 없습니다. 모두 내 이익과 관련되어 있고, 그것도 100년도 안 되는 일생을 어떻게 하면 잘 먹고 잘 사는지에 대한 것들입니다. 영혼과는 아무런 관계가 없습니다. 하나같이 내 몸에 관련된 내 요망사항 충족을 목적으로 하고 있습니다. 그러므로 내가 잘 섬겨서 복을 받아보겠다는 일념으로 하나님을 섬기는 것은 바알 신을 섬기는 것과 전혀 다를 바 없음을 알아야 합니다.

그렇게 섬기는 여호와는 예수님과 참 하나님의 사람들은 전혀 모르는 '다른 신'입니다. 이에 대해 이사야 선지자가, 또한 제가 이 책 여러 군데에서 언급한 것입니다.

"너희의 무수한 제물이 내게 무엇이 유익하뇨? 나는 숫양의 번제와 살진 짐승의 기름에 배불렀고 나는 수송아지나 어린 양이나 숫염소의 피를 기뻐하지 아니하노라"(사 1:11).

단순히 기뻐하지 않으신다는 것이 아닙니다. "[복 받기 위해서 바치는] 헛된 제물을 다시 가져오지 말라. 분향은 내가 가증히 여기는 바요."

가증히 여긴다는 것은 악하게 여긴다는 것입니다. 그리고 결론을 내리십니다. "너희가 내 앞에 보이러 오니 이것을 누가 너희에게 요구하였느냐? 내 마당만 밟을 뿐이니라"(사 1:12).

하나님께서 묻고 계십니다. 누가 그렇게 하라고 요구하였느냐고. 혹시 담임 목사님인가요?

어떤 교회를 지나가다가 간판을 보았습니다. 크게 잘 만들어진 간판입니다. 거기에는 이렇게 쓰여 있었습니다. "교회 마당만 밟아도 복입니다." '허걱' 소리가 절로 나왔습니다.

모세가 선지자나 꿈꾸는 자들에 대해 가혹할 정도로 철저히 당부한 목적은 다음과 같습니다. "이는 너희의 하나님 여호와께서 너희가 마음을 다하고 뜻을 다하여 너희의 하나님 여호와를 사랑하는 여부를 알려 하사 너희를 시험하심이니라"(신 13:3).

 기독교의 본질은 하나님께 잘 보이고 잘 섬겨서 복을 듬뿍 받는 것이 아닙니다. 하나님을 마음과 뜻과 목숨을 다하여 사랑하는 것입니다.

 사랑은 그 사랑하는 존재를 위하여 기꺼이 죽게 합니다.
 사랑은 그 사랑하는 존재를 위하여 즐겁게 헌신하게 합니다.
 사랑은 그 사랑하는 존재와 하나가 되게 합니다.
 하나님께서 먼저 나를 위하여 그렇게 하셨습니다. 내가 하나님을 사랑할 때 하나님과 하나가 되고 내 인생은 저절로 행복하게 완성됩니다.

반드시 성취되는 하나님 말씀

이 땅에 세워지는 하나님 나라는 신비한 영적 나라가 아닙니다. 가장 큰 계명인 '하나님 사랑'과 '이웃 사랑'이 구체적으로 실현되는 나라입니다. 즉, '자선과 기부가 일상화된 나라', 그래서 가난한 사람들이 없는 나라입니다.

The Story of Heaven

15강 | 신명기 14:3-21

왜 돼지고기는 안 되는가?

모든 성도는 '왕 같은 제사장'입니다. 하나님의 제사장들은 하나님과 사람들의 경계에 서 있는 사람들입니다. 제사장들이 이유도 알지 못한 채 금기에 매여 있어서는 절대로 안 됩니다.

신명기 15강

요즈음에는 잠잠해졌지만, 한때 온 나라가 '이상구 박사 신드롬'에 들썩였던 적이 있습니다.

그는 신명기에 기록된 먹을 수 있는 동물과 먹어서는 안 되는 동물들을 거론하며, 특히 피와 기름을 금하는 성경의 내용에 대한 의학적 설명과 함께 채식주의 열풍을 일으켰습니다. 그때 가장 큰 타격을 받은 사람들은 아마도 '순대 장사'였을 것입니다. 유대교에서는 돼지고기를 금할 뿐만 아니라, 무엇보다도 피와 함께 먹어서는 절대로 안 되기 때문입니다.

오늘날 유대인들은 다른 동물의 고기도 피를 완전히 제거한 후에 먹습니다. 육류를 다루는 사람들을 '코셔 *kosher*'라고 하는데,

다른 문화권에서는 이런 사람들을 천시하는 반면, 유대교에서는 매우 존경합니다. 이들은 율법(정결법)에 의거하여 육류를 다루는데, 시대가 바뀌면 전통적인 관습이나 법들이 점차 사라지는 데 비해 이들의 기능은 오히려 강화되어 식품 전반에 걸쳐 '코셔 인증'을 실시하게 되었습니다.

맥도날드가 이스라엘에 진출할 때 제동이 걸렸습니다. 바로 코셔 인증 때문이었습니다. 햄버거에 사용되는 고기는 철저히 피를 빼야 하고 돼지고기를 섞어서는 안 되며, 게다가 치즈 햄버거는 팔 수 없다는 것입니다. 그 이유는, "너는 염소 새끼를 그 어미의 젖에 삶지 말지니라"(신 14:21)라는 율법에 의거하여 고기로 만든 패티와 우유로 만든 치즈를 함께 먹어서 절대로 안 되기 때문입니다. 법이 이 정도이니 순대를 보면 유대인들은 아마도 기절할 것입니다.

비단 식품뿐만 아니라, 공산품에 대해서도 율법에 의거한 제동이 종종 걸립니다. 우리나라 자동차 '엘란트라'의 수출에도 제동이 걸렸는데, 바로 자동차 이름에 '엘ㄹ' 자가 들어 있기 때문이었습니다. 엘은 여호와를 지칭하므로, 자동차 이름에 사용하는 것은 '하나님의 이름을 망령되이 일컫지 말라'는 십계명에 저촉된다는 것입니다. 하는 수 없이 '란트라'라는 이름으로 이스라엘에 수출하였습니다. 입이 떡 벌어질 정도의 철저함이 아닐 수 없습니다.

어찌 되었건, 이상구 박사 신드롬으로 인하여 신명기는 먹을 수 있는 동물과 먹어서는 안 되는 동물에 대한 율법으로 가득할 것이라는 착각이 들 정도였고, 여전히 그 착각에 빠져 있는 교인들도 굉장히 많을 것입니다. 그러나 정한 짐승과 부정한 짐승에 관한 율법은 14장 3-21절에 불과합니다.

좀 더 자세히 들어가봅니다.

모든 종교에는 금기禁忌, 즉 터부taboo가 있습니다. 터부는 절대로 해서는 안 되는 것, 만일 어긴다면 신으로부터 벌을 받는다고 여겨지는 것들입니다.

어린 시절 문지방에 서 있으면 어른들로부터 야단을 들었습니다. 그 정확한 이유는 어른들도 몰랐습니다. 그건 단순히 위험하기 때문이 아니라 훨씬 더 근원적인 이유가 있었고, 그것은 대부분 종교와 관련되어 있었습니다. 예컨대 '복이 나간다', '액운이 닥친다'는 이유에서였습니다.

이에 대해 명쾌하게 설명한 책이 있습니다. 최창모가 쓴 《금기의 수수께끼》라는 책입니다.

금기의 핵심은 이런 것입니다.

금기는 경계선에서 생깁니다. 안과 밖, 신성과 세속의 경계는 명확히 할 필요가 있습니다. 신성과 안은 안전하고, 세속과 밖은 위험하기 때문입니다. 문지방 역시 방안과 방 바깥의 경계입니다. 그러므로 문지방이 훼손되면 밖에 있던 위험이 안으로 들어오게 됩니다. 그래서 문지방 위에 서는 것을 절대로 금지하였습니다. 어린 양의 피를 문설주와 인방에 바르라고 하신 것도 같은 맥락입니다.

공동체의 자기 정체성과 안전을 위하여 자연히 여러 금기가 설정되었고, 세월이 흐르면서 그 정확한 이유는 모호해졌지만, 그 위에 종교색이 입혀지면서 점점 더 절대성과 위협이 더해졌습니다.

또한 금기는 그 경계를 담당한 사람들에게 더 엄격하게 적용되었습니다. 모든 나라가 신정국가였던 신명기 시대에 신성과 세속의 경계를 담당하고 있는 제사장 그룹에 더 많은 금기를 요구한 것은 당연합니다. 그래서 레위기를 보면 제사장에게 적용되는 제사법이 훨씬 더 복잡하고 더 많은 비용이 듭니다.

이스라엘은 하나님의 제사장 나라라는 점과 그리스도인은 모두 '왕 같은 제사장'이라는 점을 머리에 새기고, 다음으로 넘어갑니다.

우선 먹을 수 있는 동물은, 굽이 갈라져 쪽발도 되고 새김질을 하는 동물입니다. 이것이 기본입니다. 위생적인 측면, 사회 문화적인 측면과 그 동물을 손쉽게 구할 수 있는지 여부 등이 고려되었을 것입니다.

여러 동물 중 가장 문제가 되는 것은 바로 '돼지'입니다. 돼지는 중동의 기후와 유목 생활에 대단히 부적합한 동물입니다. 돼지는 인간이 먹는 곡식과 같은 것을 먹기 때문에 곡물이 부족한 곳에서는 인간과 경쟁을 해야 합니다. 또한 다른 가축들은 노동력, 우유, 털, 가죽, 고기 등 여러 용도로 사용되는 반면, 돼지는 오로지 고기만을 위해서 키워집니다. 또한 건조한 중동지방에서 돼지를 키우기란 대단히 어렵습니다. 쉽게 체온이 올라가는 돼지에게는 체온을 내리기 위해 축축한 진흙 같은 것이 꼭 필요합니다. 그래서 키우는 데 비용이 많이 들고, 값이 비쌉니다. 또한 다른 동물들은 그럭저럭 혼자 잘 크는 데 반해, 돼지는 사육 전담 인력이 필요했습니다.

이래저래 귀족들과 부자들만이 돼지고기를 먹을 수 있었습니다. 돼지고기를 먹는다는 것은 특권을 누린다는 뜻이기도 합니다.

이사야서에는 이런 대목이 있습니다.

"그들이 은밀한 처소에서 밤을 지내며 돼지고기를 먹으며…사람에게 이르기를 너는 네 자리에 서 있고 내게 가까이하지 말라. 나는 너보다 거룩함이라"(사 65:4-5). 당시 종교지도자들의 타락상을 묘사한 내용입니다.

이러한 타락을 한탄하며 이사야 선지자는 이렇게 말합니다. "정의가 뒤로 물리침이 되고 공의가 멀리 섰으며 성실이 거리에 엎드러지고 정직이 나타나지 못하는도다"(사 59:14).

하나님께서 세우신 이스라엘의 가장 기본적인 콘셉트는 '정의'와 '공의'입니다. 그런 나라에서 특권층만 먹을 수 있는 돼지고기는 공동체의 정체성을 유지하고 강화하기 위해 금지하지 않을 수 없었습니다.

또 다른 이유는, 돼지고기는 그 지역 이방인들에게도 귀한 것이라 이방신들에게 바치는 귀한 제물이었다는 점입니다. 이방신에게 바치는 것을 하나님께 바칠 수는 없습니다.

문화인류학자인 마빈 해리스는, '음식은 곧 문화'라고 했습니다. 이 말은 대단히 중요합니다. 하나님이 특정 음식 등을 금하신 의도가 종종 왜곡되고, 종교적인 규율로 바뀐 금기가 인간의 삶을 질식시키기 때문입니다.

두어 가지만 더 언급하고 본론으로 들어가기로 합시다.

동물의 피는 먹지 말라 하셨습니다. 이 규율은 먼 옛날 노아와 맺은 '무지개 언약'에서 이미 언급하신 것입니다. "그 피는 먹지 말라. 피는 그 생명인즉 네가 그 생명을 고기와 함께 먹지 못하리니"(신 12:23). 피는 곧 생명이므로 모든 살아 있는 것의 생명을 소중히 여기라는 것입니다.

"너는 염소 새끼를 그 어미의 젖에 삶지 말지니라"(신 14:21). 이

규율은 옛적부터 내려온 금기에서 유래한 것으로, 만일 그리할 때 슬픈 어미가 새끼를 낳지 않는다는 믿음이 있었습니다. 아무리 가축을 잡아 고기를 먹는다고 하여도 가축을 사랑하는 마음을 늘 가져야 함을 강조하신 것입니다.

살아 있는 동물을 사랑하는 마음은, 축산업이 큰 산업이 되어 이익 창출에만 골몰하는 현대에 반드시 회복되어야 할 것입니다. 구제역과 같은 질병으로 가축 수백만 마리가 생매장되는 것이 얼마나 끔찍한 일인지 깊이 생각해봐야 합니다. 그 생지옥과 같은 일들이 일어났을 때도, 농가에서 한두 마리씩 가족처럼 키우는 가축은 구제역을 거뜬히 이기고 건재하였습니다.

피를 삼킨 땅은 저주를 받는다는 하나님의 말씀을 마음에 새기고, 우리 인간들의 탐욕을 잠재우지 않으면 안 되는 시대가 왔음을 잊지 말아야 합니다.

신명기의 음식에 관한 여러 규정들을 생략하는 이유는 베드로의 꿈에 나타나신 예수님의 말씀 때문입니다.

베드로가 욥바에 거할 때, 기도를 하려고 건물 옥상으로 올라갔습니다. 때는 정오, 기도 중에 정신이 몽롱해진 베드로에게 환상이 보이기 시작했습니다. 하늘이 열리고 큰 보자기가 내려왔습니다.

그 안에는 돼지를 포함한 여러 동물이 있었는데, 갑자기 하늘에서 음성이 들렸습니다. "베드로야, 일어나 잡아먹어라"(행 10:13). 베드로는 깜짝 놀라 "주여, 그럴 수 없나이다. 속되고 깨끗하지 아니한 것을 내가 결코 먹지 아니하였나이다"라고 대답하였습니다. 그러자 두 번째 소리가 들렸습니다. "하나님께서 깨끗하게 하신 것을 네가 속되다 하지 말라"(행 10:15). 이 한 번으로 끝나지 않고, 똑같은 말씀이 세 번에 걸쳐서 내려왔습니다. 이 환상은, 유대 정결법에 매여 있던 베드로로 하여금 이방인 고넬료를 받아들이게 하시려는 예수님의 사전조치였습니다.

'금기'는 경계에 서 있는 사람에게 안과 밖을 구별하여, 안을 지키게 하기 위한 조치라고 이미 설명하였습니다. 베드로는 경계에 서 있는 존재입니다. 예수님께서는 경계를 새롭게 정하셔서 유대교를 넘어 이방 세계로 나아가게 하셨습니다. 그래서 유대교에서 금기로 여겼던 것을 친히 무너뜨리셨습니다.

베드로는 고넬료가 보낸 사람이 당도하였다는 소식을 듣고, 또 고넬료를 직접 만난 후에 예수님께서 보여주셨던 환상의 진의를 깨달았습니다. 그리고 모인 사람들에게 이렇게 말합니다. "유대인으로서 이방인과 교제하며 가까이하는 것이 위법인 줄은 너희도 알거니와 하나님께서 내게 지시하사 아무도 속되다 하거나 깨끗하지 않다 하지 말라 하시기로 부름을 사양하지 아니하고 왔노라"(행 10:29).

참으로 명석한 사람이 아닐 수 없습니다.

훗날 베드로는 모든 성도들을 향해 말합니다. "그러나 너희는 택하신 족속이요 왕 같은 제사장들이요 거룩한 나라요 그의 소유가 된 백성이니, 이는 너희를 어두운 데서 불러내어 그의 기이한 빛에 들어가게 하신 이의 아름다운 덕을 선포하게 하려 하심이라"(벧전 2:9).

이러한 베드로를 보면서, 오늘을 사는 그리스도인들이 얼마나 폐쇄적인가, 정확한 이유도 알려 하지 않은 채 종교적인 금기에 얼마나 단단히 매여 있으며, 어두운 교리의 상자에 갇혀 있는가 반성해야 합니다.

모든 성도는 '왕 같은 제사장'입니다. 하나님의 제사장은 하나님과 사람들의 경계에 서 있는 사람들입니다. 제사장들이 이유도 알지 못한 채 금기에 매여 있어서는 절대로 안 됩니다. 금하거나 해금하신 하나님의 의도들을 정확히 알고 사람들을 잘 가르쳐서, 사람들로 하여금 잘못된 금기에 얽매여 소중한 삶을 낭비하는 일이 없도록 할 책임이 있습니다.

예수님께서도 고별 설교에서 분명히 하셨습니다. "이제부터는 너희를 종이라 하지 아니하리니, 종은 주인이 하는 것을 알지 못함이라. 너희를 친구라 하였노니 내가 내 아버지께 들은 것을 다 너희에게 알게 하였음이라"(요 15:15).

어느 날 한 청년이 저를 찾아왔습니다. 결혼한 지 2년 정도 된 청년인데, 얼굴빛이 좋지 않았습니다. 상담의 내용인즉, 교회 권사인 장모님이 자신의 집에 와서 회색 양복만 보면 '중들이 입는 옷'이라며 동의도 없이 버리고, 또한 매우 좋아하는 팥시루떡은 고사떡이라며 절대로 먹지 못하게 하고, 명절이면 제사를 지내는 형님 댁에서 어렵게 가져온 음식을 모두 버린다는 것입니다. 그리고 장모님을 닮은 아내 역시 어려서부터 배운 여러 가지 금기 사항에 길들어 있어서 자주 충돌한다며, 이 일을 어떻게 하면 좋겠느냐는 것입니다.

이런 유의 일들은 사도 바울 때부터 있었던 매우 흔한 일이며, 소위 믿음이 좋다는 사람들이 행하는 일입니다.

사도 바울은 이런 말을 합니다. "어떤 사람은 모든 것을 먹을 만한 믿음이 있고, 믿음이 연약한 자는 채소만 먹느니라. 먹는 자는 먹지 않는 자를 업신여기지 말고, 먹지 않는 자는 먹는 자를 비판하지 말라"(롬 14:2-3).

사도 바울 당시 시장에서 파는 고기는 모두 로마인들이 섬기는 신들에게 일단 바쳤다가 시장에 나온 고기였습니다. 물론 돼지고기도 포함되어 있었습니다. 돼지는 중동 지방에서는 키우기 까다로운 가축이었지만, 로마에서는 그렇지 않았고 소보다 훨씬 흔했으므로 제우스 등 여러 신들에게 제물로 바쳐졌습니다. 로마 교인들은 기독교를 믿기 전에는 돼지고기를 마음대로 먹다가 그리스도인이 된 후 교회 내에서 이것이 큰 문제가 되었습니다. 먹어도 된다는 쪽과 먹어서는 안 된다는 쪽으로 갈려 서로 의견이 팽팽했습니다.

잡신들에게 바쳤던 돼지고기를 먹는 사람이 믿음이 좋은 것일까요, 아니면 채소만 먹는 사람이 믿음이 좋은 것일까요? 흔히 채소만 먹는 사람들을 믿음이 좋다고 생각할 텐데, 놀랍게도 사도 바울은 그 반대라고 말합니다.

'모든 것을 먹을 만한 믿음이 있고.' 즉, 믿음이 좋은 사람들은 거리낌 없이 뭐든지 잘 먹고, '믿음이 연약한 자는 채소를 먹습니다.' 즉, 믿음이 연약한 사람들은 아무리 고기가 '땡'겨도 '꾸욱' 참으며 채소만 먹는다는 것입니다.

음식에 거리낌이 없는 사람들은 '에헴' 하실 것이고, 그동안 조심하며 살아 스스로 믿음이 좋다고 생각했던 사람들은 머리를 '갸우뚱'하실 것입니다.

그런데 아직 사도 바울의 판결(?)이 나오지 않았습니다. 그렇다면 사도 바울은 어떻게 판결했을까요?

"먹는 자도 주를 위하여 먹으니 이는 하나님께 감사함이요, 먹지 않는 자도 주를 위하여 먹지 아니하며 하나님께 감사하느니라"(롬 14:6).

그러면서 다음과 같은 내용을 첨부합니다. "네가 어찌하여 네 형제를 비판하느냐. 어찌하여 네 형제를 업신여기느냐. 우리가 다 하나님의 심판대 앞에 서리라"(롬 14:10).

그러나 최종판결이 남아 있습니다. "하나님의 나라는 먹는 것과 마시는 것이 아니요, 오직 성령 안에서 의와 평강과 희락이라"(롬 14:17).

여기에 구체적인 행동 지침까지 정해줍니다.

"그러므로 우리가 화평의 일과 서로 덕을 세우는 일을 힘쓰나니, 음식으로 말미암아 하나님의 사업을 무너지게 하지 말라"(롬 14:19-20).

"무엇이든지 네 형제로 거리끼게 하는 일을 아니함이 아름다우니라"(롬 14:21).

"믿음을 따라 하지 아니하는 것은 다 죄니라"(롬 14:23).

마치 개그콘서트 중, 한창 인기를 끌고 있는 '애정남'(애매한 것을 정해주는 남자)을 보는 것 같습니다.

전 이래서 성경이 정말 좋습니다. 사람들이 자기 생각이 옳다고 주장하며 작은 것에 얽매이는 바람에 절대로 볼 수 없는 가장 중요하고 본질적인 하나님의 생각들을 명쾌하게 밝혀주기 때문입니다.

제발 신앙생활을 하는 중에 사소한 것들을 가지고 너무 비장해지지 말기로 합시다. 유관순 누나나 안중근 의사쯤은 돼야 비장해질 자격이 있는 것이 아닐까요?

16강 | 신명기 15:1-11

매 칠 년 끝에

무엇을 하든지 각자의 재능으로 하나님을 누구보다, 무엇보다 사랑하며 이웃에게 덕을 끼치며 사는 것, 그것이 하나님께서 원하시는 우리 삶이고, 나아가서는 '주님의 몸 된' 교회의 모습입니다.

신명기 16강

　미국에 대한 찬반 의견은 극명하게 갈립니다. 정치에서뿐만 아니라 특히 기독교 내에서는 그 현상이 더욱 확연합니다.
　우리나라는 미국의 신세를 참 많이 진 나라입니다. 특히 기독교를 전해준 미국에 대해서 한국 기독교는 거의 절대적인 신뢰와 의존도를 보여왔습니다. 천국 다음에는 미국이라고 할 정도였습니다. 그런데 시대가 바뀌어 미국을 반대하는 사람들이 굉장히 많아졌습니다. 이라크 전이나 아프가니스탄 전쟁은 미국의 도덕성에 큰 흠집을 내었고 반미 감정을 넓고 깊게 확산시켰습니다.
　전 세계를 강타한 현재의 금융위기는, 그동안 전쟁에 퍼부은 천문학적 비용(5조 달러), 그리고 미국 금융 자본주의의 타락과 결코 무관하지 않습니다.

　미국은 현재 마약 소비 1위에다, 인구당 재소자 비율도 1위인 국가입니다. 성인 인구의 7%, 남자의 12%인 1,300만 명이 유죄선고를 받았고 흑인 남성의 경우 5명 중 1명 꼴로 수감 경험이 있을 정도입니다. 이런 소식을 접하면 이제 미국도 끝나가는구나 하는 생각이 듭니다. 과연 미국의 앞날은 어떻게 될까요? 떠오르는 별 중국의 도전을 잘 막아내고 초강대국의 지위를 계속 유지할 수 있을까요?

　이에 대한 결론은 그렇게 쉽게 내릴 수 없습니다. 더 깊이 들어가봐야 합니다.

　미국만큼이나 극명하게 그 찬반이 갈리는 인물이 조지 소로스라는 인물입니다. 그는 주식투자의 귀재인데, 초단기 핫머니 거래로 엄청난 부를 축적하여 '추악한 국제환 투기업자'로 비난 받는가 하면, 한편으로는 엄청난 금액을 기부함으로써 '가장 선진적인 21세기형 자선사업가'라고 칭송을 받는 사람입니다.

　무엇이 조지 소로스의 참 모습일까요? 그는 '개처럼 벌어서 정승처럼 쓰는 것'이 돈이란 사실을 보여주고 싶은 걸까요?

　소로스는 유대인으로, 제2차 세계대전 당시 헝가리에서 살았습니다. 청년기에는 칼 포퍼의 '열린사회 철학'에 심취한 철학도였습니다. 나치를 피해 미국으로 온 그는 사정이 여의치 않아 20대때부터 뉴욕에서 주식 거래에 뛰어들었고 거기서 엄청난 돈을 벌어들였습니다.

그런데 그에게는 몇 가지 이상한 점이 있었습니다. 그 천문학적인 돈에 별 관심을 보이지 않는다는 것입니다. 오히려 그 액수를 부담스러워했고 여전히 검소하고 소박하게 살고 있습니다. 한편 유대인이면서도 관련 기관에 기부하는 데는 대단히 인색했고, 이스라엘을 돕는 일에는 전혀 개입하지 않았습니다.

1980년대에 들어 그는 갑자기 거액을 한 곳에 지원하기 시작하였습니다. 자연히 사람들의 시선이 그곳에 집중되었는데, 그곳은 공산정권이 무너지기 시작한 동유럽이었습니다. 폴란드의 자유노조운동, 체코의 77헌장 그룹운동에 거액을 기부하였고, 국제 엠네스티에도 기부했습니다. 1984년에는 헝가리 정부와 소로스 재단 창설에 합의하고, 헝가리 재건을 위하여 사회 전반에 걸쳐 매년 수천만 달러를 지원하였습니다. 1991년에는 부다페스트에 중앙유럽대학을 세웠는데, 한 사람의 기부금으로 대학을 세운 것은 전례가 없는 일입니다.

소로스 재단은 러시아, 중국에도 세워져 각종 사업을 펼쳤는데, 7년 동안 투입한 액수가 무려 250억 달러나 되었습니다. 유엔조차도 하기 힘든 일을 소로스 혼자서 해온 것입니다. 중요한 점은 그런 기부가 그의 신념에 따른 결과라는 것입니다.

거액을 아낌없이 쏟아붓게 한 그의 신념은 무엇일까요? 바로 세계를 '열린사회'로 만드는 것인데, 열린사회란, 인종과 민족을 초월하여 모든 인류를 포용하는 창조적인 사회를 말합니다. 최근 들어서는 사법 개혁을 위한 국제기구와 국제통화기금IMF을 대체할 새로운 국제금융기구를 세우는 데 주력하고 있습니다. 그가 최근에 관심을 기울이고 있는 곳은 바로 북한입니다. 북한을 열린사회로 만드는 데 고심하고 있지만, 그의 말에 따르면 누구와 접촉해야 할지 마땅한 인물을 찾지 못했다고 합니다. 그만큼 북한은 세상에서 가장 폐쇄적인 사회입니다.

자선사업연구가 월드메이어 닐슨은, "소로스가 제시한 비전의 규모와 책임의 정도, 그리고 실천력을 볼 때, 그는 가장 위대한 자선사업가다"라고 말합니다.

이런 소로스에 대해서 여러분은 어떻게 생각하십니까?

미국은 원래부터 일등 국가가 아닙니다. 유럽에는 전통적인 귀족들이 있는 데 반해, 미국은 평민들이 세운 나라입니다. 그런 나라가 200년 정도의 일천한 역사로 세계 최강국이 될 수 있었던 원동력은 무엇일까요?

이미숙은 《존경받는 부자들, 기부와 자선이 미국을 이끈다》에서 미국의 저력은 기부와 자선에서 찾을 수 있다고 말합니다. 곧 제1의 미국은 '비즈니스', 제2의 미국은 '정부', 제3의 미국은 바로 '기부와 자선'이라는 것입니다.

스탠포드 대학의 전 총장 리처드 라이먼도 그렇게 말합니다. "기부와 자선은 미국 역사상 가장 알려지지 않은 성공 스토리다." 기부와 자선을 통하여 기업이나 사람들이 신뢰와 존경을 얻는 풍토가 미국의 눈에 보이지 않는 저력이라는 것입니다.

미국의 기부와 자선은 부자들에게만 국한되지 않습니다. 2004년도 통계에 의하면, 연봉 3만 달러 안팎의 일반 시민들도 매년 1,000달러 이상을 기부하며, 미국에서 매년 걷히는 자선 모금액은 2,000억 달러가 넘습니다. 또한 인구의 절반 이상이 자원봉사에 참여합니다.

이렇게 일상화된 미국인들의 기부와 자선의 뿌리는 물론 성경과 기독교입니다. 유럽의 기독교는 과거형이지만, 미국의 기독교는 현재진행형입니다. 바로 이 점이 미국을 여전히 희망적으로 보는 이유입니다.

조지 소로스가 '열린사회의 신념'에 따라 기부하였다면, 그리스도인들은 '하나님의 명령'에 따라, '믿음'에 따라 자선을 베풀어야 합니다.

지금까지 다룬 신명기의 내용을 전반적으로 점검해봅시다. 그러면 하나님께서 이 땅 위에 세우고자 하시는 나라의 윤곽이 잡힙니다.

노예를 불러 제사장으로 세우시고 훈련에 들어가셨습니다. 그들은 40년 동안 죽을 고생을 하면서 하나님만을 의지하게 되었습니다. 그들에게 최고의 명령 '쉐마 이스라엘', 마음과 뜻과 온 힘을 다하여 유일하신 하나님 여호와를 사랑해야 한다는 명령이 주어집니다. 그러고는 젖과 꿀이 흐르는 가나안 땅을 차지하게 하겠다고 약속하십니다. 그 땅에 들어가서는, 하나님 사랑에서 떠나게 하는 그 어떤 사람이나 시도도 가차 없이 제거하라고 하셨습니다.

하나님을 최고로 사랑하고 그 뜻을 따르는 이스라엘 백성에게 구체적으로 두 가지 명령이 내려집니다.

첫째, 종교 체제 유지와 그 일에 종사하는 레위 지파 사람들(제사장들)의 생활비 충당에 사용되는 십일조(14장)에 관한 명령입니다. 둘째, 매 칠 년마다 가난한 사람들의 빚을 면제해주는 제도를 실시하라는 것입니다.

이 두 가지 명령은, 예수님께서 말씀하신 가장 큰 계명인 하나님을 가장 사랑하고 내 이웃을 내 몸과 같이 사랑하라는 계명(마 22:37-40)의 구체적인 실천입니다.

다시 반복합니다. "네 마음을 다하고 목숨을 다하고 뜻을 다하여 주 너의 하나님을 사랑하라 하셨으니, 이것이 크고 첫째 되는 계명이요, 둘째도 그와 같으니, 네 이웃을 네 자신같이 사랑하라 하셨으니, 이 두 계명이 온 율법과 선지자의 강령이니라"(마 22:37-40).

"이 두 계명이 온 율법과 선지자의 강령이니라"라는 말씀은, 신명기가 다름 아닌 두 가지 큰 계명의 시행 세칙이라는 뜻이기도 합니다. 그러니까 십일조를 정확히 내고, 이웃의 빚을 탕감해주는 것이 구체적으로 신명기의 율법을 시행하는 것입니다.

간단하게 말하자면, 오늘날 교회지도자들은 십일조를 받아 교회를 잘 유지 관리하면서 그 범위 안에서 검소한 생활을 하고, 매 칠 년마다 가난한 사람들의 빚을 탕감해주면 하나님을 잘 믿는 것이 됩니다.

그런데 이 간단하기 그지없는 명령이 제대로 시행된 적이 있을까요? 없습니다. 구약의 마지막 선지자 말라기의 "하나님의 것을 도적질하였다"는 십일조에 관한 절규(말 3:8)를 끝으로 하나님께서는 하늘 문을 닫으시고 기나긴 침묵에 들어가셨습니다. 그 결과는 참담합니다. 종교지도자들은 절대 권력을 누렸고, 하나님의 성전은 '강도의 소굴'로 바뀌었으며, 백성들은 헐벗고 굶주렸습니다. 한국 교회와 지도자들은 반드시 이 사실을 타산지석으로 삼아야 합니다.

이제 구체적으로 '이웃 사랑'을 어떻게 실천해야 하는지 알아봅시다.

"매 칠 년 끝에는 면제하라. 면제의 규례는 이러하니라. 그의 이웃에게 꾸어준 모든 채주는 그것을 면제하고 그의 이웃에게나 그 형제에게 독촉하지 말지니, 이는 여호와를 위하여 면제년을 선포하였음이라"(신 15:1-2).

이런 면제년을 잘 지켜 행할 때 하나님께서는 두 가지 커다란 복을 주십니다. 첫째, "네게 기업으로 주신 땅에서 네가 반드시 복을 받으리니 너희 중에 가난한 자가 없으리라"(신 15:5). 둘째, "네가 여러 나라에 꾸어줄지라도 너는 꾸지 아니하겠고, 네가 여러 나라를 통치할지라도 너는 통치를 당하지 아니하리라"(신 15:6).

이 땅에 세워지는 하나님 나라는 신비한 영적 나라가 아닙니다. 가장 큰 계명인 '하나님 사랑'과 '이웃 사랑'이 구체적으로 실현되는 나라입니다. 즉, '자선과 기부가 일상화된 나라' 그래서 가난한 사람들이 없는 나라입니다.

겉으로 보면 곧 망할 것 같은 미국이 아직 건재하며 얼마든지 나아질 가능성이 있는 이유를 이제는 아실 것입니다.

나는 그리스도인으로서 어떻게 살아야 할까요?

무엇을 하든지 각자의 재능으로 하나님을 누구보다, 무엇보다 사랑하며 이웃에게 덕을 끼치며 사는 것, 그것이 하나님께서 원하시는 우리 삶이고, 나아가서는 '주님의 몸 된' 교회의 모습입니다. 그것은 한 나라나 개인이나 마찬가지입니다.

종로에 돈의동이라는 동네가 있습니다. 폭이 1미터도 안 되는 골목을 사이에 두고 양쪽으로 낡은 집들이 다닥다닥 붙어 있습니다. 이른바 '쪽방 동네'입니다. 각 방의 크기는 한 평 정도 되는데, 이곳에서 14년째 사시는 정 모 할아버지는 거리에서 폐품을 모아서 한 달 집세 15만 원을 내고 세 끼 밥을 간신히 먹고 삽니다. 점심은 인근 종묘공원에서 나누어주는 무료 급식을 이용하고 있습니다.

노숙자 2,000명, 쪽방 거주자 5,000명, 하루 벌어 하루 먹고 사는 일용노동자 53만 명, 노점상 5만 명. 이 숫자는 오늘 세계 최고의 도시 서울에서 고된 삶을 꾸려가는 소외 계층의 현황입니다.

한편, 도곡동 타워팰리스는 58층으로 세워진 우리나라 최고의 아파트인데, 꼭대기층 집 한 채의 가격이 50억 원입니다. 평당 가격을 환산하면 5,000만 원으로 쪽방 동네와 극단적인 대조를 보입니다.

아무리 부유한 나라에도 가난한 사람들은 있게 마련입니다. 아무리 세상이 풍족해져도 고통 받는 사람들은 늘 있습니다. 인류는 이 문제를 해결하기 위해서 고심해 왔습니다. 여러 가지 제도를 만들고 체제를 만들었습니다. 그 대표적인 것이 자본주의와 공산주의입니다. 자본주의는 능력대로 벌고 번 사람이 그것을 모두 소유하자는 것입니다. 반면 공산주의는 다같이 벌고 똑같이 나누자는 것입니다.

여러분들은 어떤 제도가 더 옳다고 생각하십니까? 이미 공산주의는 지구상에서 사라졌습니다. 북한이 남아 있다고 하지만 북한은 사실 공산주의 국가가 아니라 봉건국가입니다. 그런데 조금만 생각해보면 자본주의나 공산주의 모두 큰 모순과 한계를 안고 있다는 것을 알게 됩니다.

능력대로 벌고 소유하는 것이 더 옳다고 해도, 한번 쌓아놓은 부를 세습하여 능력도 없는 후대가 놀고먹습니다. 부자는 더욱 큰 부자가 되고, 가난한 사람은 애를 써도 가난에서 벗어나기가 대단히 어렵습니다. 그래서 부자들은 좋을지 몰라도 가난한 계층의 불만은 날이 갈수록 커집니다.

그래서 생겨난 것이 다같이 벌고 똑같이 나누자는 공산주의입니다. 그러자 능력 있는 사람들은 아무리 열심히 일해도 자신에게 주어지는 보상이 적으므로 최선을 다하지 않게 되고, 나머지 사람들도 어차피 먹여주니까 대충 세월만 보내게 되었습니다.

자본주의가 공산주의를 이겼다고 해서 자본주의가 다 옳은 것은 아닙니다. 그래서 사람들은 새로운 제도를 고안하였는데, 그것이 사회주의입니다. 능력대로 마음껏 일하고 벌도록 기회를 제공합니다. 그리고 나서 국가는 소득에 많은 세금을 물려, 그 세금으로 가난한 사람들을 위한 복지정책을 펴나가는 것입니다. 참으로 좋은 제도 같으나 그렇다고 해서 문제가 모두 해결되지는 않습니다. 사회 복지 정책을 펴나가면서 부자들은 과중한 세금에 불만을 품고, 가난한 계층은 더 많이 달라고 연일 데모나 파업을 벌입니다.

우리가 알아야 할 것은 절대로 인간의 머리에서는 최선의 방법이 나올 수 없다는 것입니다. 최선의 방법은 오직 하나님으로부터 나옵니다.

이제 하나님께서 만드신 세계로 들어가봅시다.

하나님께서는 가나안 땅을 이스라엘 백성에게 주신 다음, 모든 지파와 사람들에게 공평하게 분배해주셨습니다. 노예였던 이스라엘 백성에게 처음으로 자기 땅이 생긴 것입니다. 모두 열심히 살았습니다. 하지만 사람들의 성품과 능력은 서로 다릅니다. 어떤 사람은 부지런한데 어떤 사람은 느리고 느긋합니다. 게다가 운이라는 것도 있어서 열심히 사는데도 소득이 별로 없을 수도 있고, 대충대충 사는데도 운이 좋아 큰돈을 벌 수도 있습니다. 그러다 보니까 점점 개인의 소득 차이가 드러나게 됩니다. 어떤 사람들은 점점 부자가 되고, 어떤 사람들은 점점 가난해집니다. 가난한 사람들은 살기 위하여 부자에게 돈을 빌릴 수밖에 없고, 어떤 경우에는 땅도 팔고, 종래에는 몸밖에 없어 그 집의 종이 되는 경우도 있습니다.

여기까지는 다른 나라와 똑같습니다. 그런데 칠 년째가 되면 하나님의 백성이 된 진면목이 드러납니다. 칠 년마다 부자나 가난한 사람 할 것 없이 모두 생산 활동을 중단하고 안식년에 들어갑니다. 사람뿐만 아니라 땅까지도 쉬라는 것입니다.

이 안식년은 다른 이름을 가지고 있는데 바로 면제년입니다. 그 빚이 얼마이든지 매 칠 년마다 그 빚을 면제해주라는 것입니다. 여기서 끝나지 않습니다. 종이 되었더라도 매 칠 년이 되면 그에게 자유를 주어야 합니다.

"네 동족 히브리 남자나 히브리 여자가 네게 팔렸다 하자. 만일 여섯 해 동안 너를 섬겼거든 일곱째 해에 너는 그를 놓아 자유롭게 할 것이요, 그를 놓아 자유하게 할 때에는 빈손으로 가게 하지 말고 네 양 무리 중에서와 타작마당에서와 포도주 틀에서 그에게 후히 줄지니, 곧 네 하나님 여호와께서 네게 복을 주신 대로 그에게 줄지니라"(신 15:12-14).

　하나님의 조치는 여기서 끝나지 않습니다. 칠 년마다 이렇게 해 나가고 그렇게 하기를 일곱 번이 지난 오십 년째 해에는 더욱 획기적인 조치를 취하십니다. 부자와 가난한 사람 모두 원래 조상에게 할당된 땅으로 다시 돌아갑니다. 원점에서 다시 시작하는 것입니다. 오십 년이 되는 그 해를 '대희년'이라고 부릅니다. 문자 그대로 큰 기쁨이 오는 해입니다.

　하나님의 조치는 언제나 모든 사람을 살리는 유일한 방법이며, 그래서 복음입니다. 하나님은 부자를 억울하게 만드시거나 가난한 사람만을 우대하시는 분이 아닙니다. 모든 사람에게 기쁜 소식이 되는 것이 바로 복음입니다. 복음이 복음 되기 위해서, 모든 사람이 참 생명을 누리기 위해서 해야 할 일은 단 하나, 하나님의 조치에 순종하는 것입니다.

　이 제도에는 하나님의 깊은 사랑과 배려가 숨겨져 있습니다. 그 사랑과 배려를 알 때에 가난한 사람이나 부자나 모두 하나님의 말씀에 순종할 수 있습니다.

　우리 마음에 새겨야 할 사항이 몇 가지 있습니다.

첫째, 모든 것은 하나님께로부터 왔으며, 모든 것의 주인은 하나님이십니다. 이것이 출발점입니다. 이 사실을 '아멘'으로 받아들일 때에만 하나님의 제도에 순종할 수 있습니다.

둘째, 하나님께서 사람들에게 모든 것을 분배해주셨고, 하나님의 분배에는 항상 목적이 있습니다.

노예였던 이스라엘 백성에게 가나안 땅을 주신 이유는 이스라엘 백성을 편애하셔서 그들로 하여금 이 땅에서 잘 먹고 잘 살게 하기 위해서가 아닙니다. 하나님의 일을 하라고, 제사장 나라의 사명을 수행하라고 그 땅을 주신 것입니다. 이스라엘이 하나님의 사명을 감당하지 않을 때에는 그 땅을 거두어가셨습니다. 이스라엘이 부귀영화만을 탐하고 사명을 망각하자, 앗수르를 보내고, 바벨론을 보내어 이스라엘 백성에게 준 땅을 도로 거두어가셨습니다.

한번 해병은 영원한 해병일지 몰라도, 한번 부자는 영원한 부자가 아닙니다.

셋째로 우리 모두는 빚진 자입니다.

내가 열심히 일해서, 내가 잘해서 지금의 부와 명예와 위치를 획득한 것 같습니다. 그러나 내 생명, 내가 숨쉬고 있는 공기, 내가 딛고 있는 이 땅 모두 내가 어쩌지 못하는 것입니다. 정말 귀한 것은 모두 다 공짜입니다. 공기 1리터에 1전씩만 받는다 해도 평생

호흡하는 공기의 값을 치를 수 있는 사람은 아무도 없습니다. 사람들은 열심히 금을 긋고 내 땅이라고 주장하지만, 글쎄요, 땅은 딛고 있는 사람이 임자입니다. 한강 고수부지, 북한산만 가더라도 어느 부자의 별장보다 아름답습니다.

   우리는 모두 하나님께 빚진 자들입니다. 그 빚은 돈으로 환산할 수 없는 엄청난 것입니다.

   마태복음 18:22 이하에는 일만 달란트를 빚진 사람 이야기가 나옵니다. 일만 달란트는 천문학적인 액수입니다. 금 1달란트가 금 34킬로그램이므로 금 일만 달란트는 금 34만 킬로그램, 즉 340톤입니다. 시가로 5조 원이 넘습니다. 그 돈을 거저 받았는데도, 동료에게 100데나리온(100일 동안의 일당), 즉 500만 원 정도의 빚을 탕감해주지 않는 신하에게 하나님께서는 당연히 화를 내실 수밖에 없습니다.

   하나님께서 말씀하십니다. "악한 종아. 네가 빌기에 내가 네 빚을 전부 탕감하여 주었거늘, 내가 너를 불쌍히 여김과 같이 너도 네 동료를 불쌍히 여김이 마땅하지 아니하냐?" 그러고는 그 빚을 다 갚도록 하셨습니다. 그 빚은 도저히 갚을 수 없는 빚입니다. 이 말은 다시 말해서, 그 목숨을 다시 거두어 가셨다는 것입니다.

탈무드에 이런 말이 있습니다. "세상에 가난한 자가 있는 것은 부자들로 하여금 선을 베풀 기회를 주기 위해서다." 그러므로 가난한 자들에게 하나님 대신 사랑과 관심을 베풀어야 합니다. 그리할 때 하나님께서는 나를 지켜주시며 풍성하게 공급해주십니다.

가난한 사람들을 도와줄 때 가져야 하는 마음가짐 세 가지입니다.

첫째, 가난한 사람들에게 손을 펴서 그 요구하는 대로 넉넉히 꾸어주어라.

둘째, 삼가 악한 마음을 품지 말라.

셋째, 반드시 구제할 것이요, 구제할 때에는 인색하게 하지 말라.

주님께서 친히 말씀하십니다.

"내 아버지께 복 받을 자들이여, 나아와 창세로부터 너희를 위하여 예비된 나라를 상속받으라. 내가 주릴 때에 너희가 먹을 것을 주었고, 목마를 때에 마시게 하였고, 나그네 되었을 때에 영접하였고, 헐벗을 때에 옷을 입혔고, 병들었을 때에 돌보았고, 옥에 갇혔을 때에 와서 보았느니라"(마 25:34-35).

"내 형제 중에 지극히 작은 자 하나에게 한 것이 곧 내게 한 것이니라"(마 25:40).

우리 주변에 있는 가난하고 소외된 사람들은 우리가 사랑해야 하는 '또 다른 예수'입니다. 그들을 예수님의 이름으로 돌볼 때,

비로소 우리 이름이 '내 아버지께 복 받을 자'로 바뀝니다.

하나님의 복은, 하나님을 최고로 사랑하는 것과 이웃에 대한 실제적인 구제로만 받을 수 있음을 잊어서는 안 됩니다.

"너는 네 떡을 물 위에 던져라. 여러 날 후에 도로 찾으리라"(전 11:1).

17강 | 신명기 18:15-22

반드시 성취되는 하나님 말씀

생명수를 마시고 새 힘을 얻었으면 다시 일어나 밖으로 나가 신나게, 열심히 살아야 합니다. 그리고 생각하고 모색해야 합니다. 하나님께서 창조하신 여전히 아름다운 이 세상을 나는 무엇으로 재현할까요?

신명기 17강

 부친이 해군 군목이라 저는 어린 시절 진해에서 살았습니다. 군사도시에는 관사라는 것이 있어서 같은 계급의 가정들이 모여 살았는데, 이상한 점이 있었습니다. 친구들의 아버지도 저의 부친과 같은 소령인데, 그 친구들의 집은 우리집보다 잘 살았습니다. 그래서 어느 날 아버지께 여쭤보았더니 이렇게 대답하셨습니다. "아버지는 군목이야. 늘 다른 사람들을 도와줘야 해."
 정말 그랬습니다. 주말이면 우리 집에는 늘 해군 사관생도들이 몇 명씩 와서 밥을 먹고 사관학교 교관이시던 아버지와 늦게까지 이야기를 하다 가곤 하였습니다. 당시는 온 나라가 가난하였고, 갈 데 없는 생도들은 우리집에 와서 그렇게 '사제 밥'을 먹고 갔던 것입니다. 빠듯한 살림살이에 어머니께서 많이 힘드셨겠다는 생각이 나중에서야 들었습니다.

저는 아버지가 목사인 것이 싫었습니다. 무엇보다도 남들보다 궁핍했기 때문입니다. 친구들은 모두 자전거를 갖고 있는데, 저만 자전거포에서 돈을 내고 고물 자전거를 시간제로 빌려 타야 했습니다. 그리고 끝내 제 자전거를 갖지 못했습니다. 훗날 신학대학원에 가서 목사를 아버지로 둔 교우들의 이야기를 듣고서야 '나는 그래도 훨씬 나았구나' 하는 생각이 들었습니다. 어린 시절 끼니도 제대로 찾지 못한 교우들이 참 많았습니다.

신학교 입학식 날, 한 교수님이 이런 말씀을 하신 것이 기억에 남습니다. "그 어려운 아버지의 목회를 보고도 뒤를 잇겠다고 신학교에 입학한 학생들의 아버지는 모두 성공하신 것이다."

그때와 비하면 목회자의 생활이 엄청나게 발전하였습니다. 세상이 달라져서 그렇다고 하지만, 또한 많은 목회자들이 여전히 어렵게 생활하지만, 어떤 권세가도 부럽지 않은 생활을 하는 목회자들이 많아졌고, 만민이 평등하다는 현대 사회에서 옛날의 왕처럼 군림하는 목회자들도 많습니다. 여기에는 "목사를 잘 모셔야 하나님의 복을 받는다", "목사를 대적했다가는 하나님으로부터 큰 벌을 받는다"는, 목사들이 세뇌시킨 교리 아닌 교리도 한 몫을 단단히 했습니다.

대를 이어 목사 노릇을 하고 있는 저에게 가장 큰 찔림이 되는 말씀이 있습니다. "만일 선지자가 있어 여호와의 이름으로 말한 일에 증험도 없고 성취함도 없으면 이는 여호와께서 말씀하신 것이 아니요 그 선지자가 제 마음대로 한 말이니, 너는 그를 두려워하지 말지니라"(신 18:22).

목사는 늘 하나님의 말씀을 전하고, 상담을 하고, 삶에 대하여 조언도 합니다. 자기 생각을 말하기보다는, 대부분 성경을 근거로 또한 하나님의 이름으로 그렇게 합니다. 그런데 그렇게 했는데도 그 일이 해결되지 않는다면 그 목사는 엉터리 목사이기 때문에 그를 두려워할 필요가 전혀 없습니다.

기복신앙이 판을 치고 있는 오늘날 한국 교회에서, 성경은 '복 받는 비결 모음집'으로 전락하였고, 열과 성을 다한 종교생활로 만사형통을 이룰 수 있다는 소리가 가득합니다. 그래서 목사가 가르치는 대로 해보았습니다. 그런데 결과는 별로 나아진 것이 없고 오히려 상태는 더 나빠집니다. 먹고살기도 어려운데 예배에 목숨을 걸어야 복을 받는다고 하니 일주일에 열 번이 넘는 예배에 참석합니다. 그러다 보면 몸과 마음은 더 피곤해지고, 하나님의 복을 기다리는 애달픈 마음은 더 초조해집니다. 여기에 예배나 십일조를 몇 번 빠뜨리는 날에는 벌을 받을지도 모른다는 두려운 마음까지 더해집니다.

  그런데도 상황은 나아지지 않습니다. 목사는 "당신의 정성이 부족했다"고 질책을 합니다. 목숨을 다하지 않았다는 것입니다. 이에 대해서는 할 말이 별로 없습니다. 최선은 다할 수 있으나 100%에는 언제나 미치지 못하는 것이 사람이고, 무엇보다도 100%라는 기준은 없기 때문입니다.

  그래서 교회를 떠나는 사람들이 많습니다. 그냥 떠나는 것이 아니라 하나님을 등진다는, 무엇과도 비교할 수 없는 두려움과 죄책감과 반발심과 자기 합리화로 망가질 대로 망가진 영혼을 안고 떠납니다. 그렇지 않고 교회에 남는다고 해도 행복하지 않습니다.

  그런 교회의 목사로 산다는 것도 결코 쉬운 일은 아닙니다. 하나님께서 원하시는 우리의 삶이 과연 그런 것일까라는 의문에 대한 해답을 찾는 것이 가장 큰 짐이었습니다.

  결론은, 그런 것은 무속종교에서나 찾아볼 수 있는 것이고, 기독교는 아니라는 것입니다. 하나님께서 세우신 것은 선지자이지 무당이 아닙니다.

  하나님께서는 우리더러 어떻게 하라는 것일까요? 짐 벨처는 자신의 책 《깊이 있는 교회》에서 그에 대한 해답을 따뜻하게 제시하고 있습니다.

호주는 드넓은 대륙입니다. 소들을 방목하여 키울 때, 다른 지역에서는 울타리를 쳐서 가축을 보호하지만 호주는 너무나 넓기 때문에 도저히 울타리를 칠 수가 없습니다. 이런 경우 소를 어떻게 모을 수 있을까 고민하던 농부들은 관정을 박아 샘을 만들었습니다. 그랬더니 소들은 그 샘 주변을 떠나지 않았고, 설사 길을 잃더라도 죽지 않으려고 기를 쓰고 샘을 찾아왔습니다. 여기에 해답이 있습니다.

하나님께서는 결코 울타리를 치지 않으십니다. 그 대신 샘을 만드십니다. 태초부터 그렇게 하셨습니다. "강이 에덴에서 흘러나와 동산을 적시고 거기서부터 갈라져 네 근원이 되었으니"(창 2:10).

그런데 아담과 하와는 사탄의 말을 듣고 그 샘을 떠났습니다. 소보다 영특한 인간은 그러나 소도 찾는 그 샘을 찾지 못했고 그런 샘이 있는 줄도 몰랐습니다. 사탄의 계략이 인간의 머리보다 한 수 위였기 때문입니다. 그 이후 인간은 영혼의 타는 목마름을 부와 권력과 쾌락과 명예로 해소해보려고 애를 썼지만 기갈은 더욱 심해져만 갔습니다. 물을 대신할 것은 물 외에는 없고, 영혼의 갈증은 생명수 외에는 해결할 수 없으니까요.

사람들이 눈을 부라리며 쫓아다니는 부와 권력과 쾌락과 명예는 각자의 역량에 따라 쟁취하는 크기가 달랐습니다. 자연히 위에서 군림하는 자와 밑에서 지배당하는 자로 구분되었고, 오만하여 자멸하는 자와 와신상담하여 그 서열을 뒤집는 무리의 영원한 대결 구도로 세상은 조용할 날이 없었습니다.

그런데 그 대결에서 영원히 밀려버린 무리가 있었습니다. 바로 히브리인들이었습니다. 얼마나 시원찮았는지 무려 430년 동안 노예 신분에서 벗어나질 못했습니다. 하나님께서는 이들을 구원하여 영원한 생명수의 존재와 그 생명수가 나오는 샘을 가르쳐주기로 하셨습니다. 맨 밑바닥에 있는 인생들에게 가르쳐주면 스스로의 능력으로 찾았다고 생각하지 않을 테니까요. 또한 하나님께서 그들을 인도하신 곳은 물이 없는 광야입니다. H_2O가 아닌 다른 종류의 물만이 갈증을 해소할 수 있음을 가르쳐주시기 위해서입니다.

하나님께서는 그들을 구원하시고 시내 산으로 인도하시고 '시내 산 계약'을 맺으셨습니다. 지금까지 누차 언급한 것입니다. 그러고는 성막과 십계명을 주셨습니다.

성막에서는 하나님께 제사를 드립니다. 그런데 이 제사는 다른 종교의 제사와는 그 성격과 차원이 완전히 다릅니다. 다른 종교의 제사는 섬기는 신에게 바치는 '뇌물'입니다. "이 정성을 다한 제사를 받으시고 저를 잘 봐주십시오"라는 뜻입니다. 그러나 성막에서 드리는 제사는, 인간의 죄를 동물이 대속하게 하기 위한 것입니다. 오직 사랑이신 거룩하신 하나님 앞에서는 어떤 죄도 자동 소멸되기 때문입니다. 죄와 한 몸을 이룬 인간이 속죄함 없이 하나님 앞에 섰다가는 저절로 소멸되기 때문입니다.

'제사'를 히브리어로 '코르반'이라고 하는데, 그 뜻은 '가까이 가다', '친밀해지다'라는 뜻입니다. 왜 하나님께서는 우리가 하나님께 가까이 오기를 원하실까요? 왜 우리와 친밀해지기를 원하실까요? 이것은 우문愚問 중에서도 최고의 우문입니다. 그 답은 우리를 사랑하시기 때문입니다. 이처럼 명칭만 봐도 기독교의 제사는 다른 종교의 뇌물과는 판이합니다.

하나님은 우리에게 십계명을 주셨습니다. 십계명에 대한 가장 큰 오해는, 십계명을 울타리로 보는 것입니다. 십계명은 울타리가 아니라 영원한 생명 샘을 가리키는 '이정표'입니다.

신명기의 주목적은 십계명에 대한 자세한 설명입니다. 십계명이 큰 지점만을 표시한 지도라면 신명기는 좀 더 자세하게 그린 세밀 지도입니다.

지도를 자세하게 그렸다고 해서 지도의 목적이 달라지는 것이 아닙니다. 그런데 사람들, 특히 바리새인들은 이 십계명을 공기조차도 빠져나갈 수 없는 촘촘하고 높은 장벽으로 만들어버렸습니다. 사람들은 거기에 갇혀 숨조차 쉬지 못하게 되었습니다. "생명샘은 분명 이 울타리 안에 있다. 열심히 파보라"는 종교지도자들의 말을 듣고 열심히 파보았지만 나오는 것은 먼지만 풀풀 나는 메마른 황토뿐이었습니다. 울타리 바깥 사람들은 운이 좋으면 권력도 쾌락도 다 누리는데 말입니다. "우린 이게 뭐야" 소리가 절로 나옵니다. 그러나 그 말을 입 밖에 낼 수도 없습니다. 하나님에 대한 불경죄에다 목사님 모독죄에 교회 소란죄로 기소될 테니까요.

교회는 생명수가 나오는 마르지 않는 샘이 되어야 합니다. 생명수는 곧 예수님입니다. 사마리아 수가 성의 샘터에서 예수님은 몸과 영혼이 망가진 가련한 한 여인에게 친히 그 사실을 가르쳐주셨습니다.

세릴은 네바다 주 황량한 사막 한가운데 있는 낡은 트레일러 하우스에서 크리스털 메스라는 마약에 취해 하나님께 도와달라고 소리쳤습니다. 마약에 취해 무려 열흘 동안 잠을 자지 못했고, 누군가 자신을 죽이려 한다는 망상에 떨어야 했습니다. 미치기 직전이었습니다.

세릴은 유복한 집안에서 태어났습니다. 그러나 공부가 싫어 대학을 중퇴했고 직장생활을 하다가 한 남자를 만나 동거에 들어갔습니다. 이때부터 그녀의 삶은 곤두박질쳤습니다. 마약 중독에 성질까지 고약해서 직장을 번번이 그만두는 그 남자를 따라 그 황량한 곳까지 오게 되었습니다.

어느 날 오후 친구들과 어울리고 있는데 한 친구가 마약 한 꾸러미를 꺼냈습니다. 거절할 명분도 이유도 없어서 마약을 흡입했고 마침내 중독되어버렸습니다. 그렇게 집에서 멀리 떨어져 그녀를 학대하며 속이는 그 남자와 외롭게 살았습니다.

그러다가 이런 날이 온 것입니다. 셰릴의 말입니다. "마약에 절어 열흘이나 못 자고 제대로 먹지 못한 상태에서 평소라면 절대로 하지 않을 짓을 했어요. 기도를 한 거예요. '하나님, 저 좀 자게 제발 도와주세요. 오늘 밤만 넘기게 해주시면 이곳을 떠나겠어요.'"

셰릴은 곧 깊은 잠에 빠졌습니다. 얼마나 잤을까, 깨어보니 여전히 살아 있었습니다. 셰릴은 믿을 수가 없었습니다. 그래서 짐을 꾸려 차에 싣고 섭리하시는 하나님의 인도를 받아 남캘리포니아로 다시 돌아왔습니다. 그렇게 남자친구와 마약과 옛 삶을 버렸습니다. 3주 후, 옛 친구들의 인도로 한 교회를 찾게 되었고 6개월 후, 그 교회 담임목사와 이야기를 나누게 되었습니다.

"마약은 어떻게 됐나요? 해독제를 썼나요?" 목사가 물었습니다.

"이 교회가 해독제였어요." 셰릴은 눈물을 흘리며 말했습니다.

셰릴과 같은 예는 드물지 않습니다.

그런데 그렇게 찾은 교회가 샘이 아니라 울타리라면 어떻게 될까요? 여러 규율을 제시하며 이렇게 하고 저렇게 해야 하나님의 복을 받을 수 있다고, 밖으로 나가면 망하고 죽어서는 지옥에 가게 된다며 말뚝을 박고 철조망을 쳐버리면, 또 다른 울타리에 감금을 당하고 맙니다.

아무리 망가졌어도 세상은 여전히 하나님의 창조 세계로서 하나님께서 운행하고 계십니다. 세상은 위험하고 더러운 곳이라며 담을 쌓고 십자가 아래 옹기종기 모여 고만고만하게 살다가 다시 하늘나라로 오라고 온 우주와 이 아름다운 지구와 신비롭기 짝이 없는 인간이라는 존재를 만드셨을까요? 인간 부모도 자녀들을 낯선 나라에, 그것도 배낭 하나 들려 여행을 보냅니다. 넓은 세계를 많이 보고 배우고 오라고 격려합니다. 하물며 하나님의 제사장 된 그리스도인들이 울타리 안에서만 머물러서야 되겠습니까?

늘 생각하는 것이 있습니다. 어떤 제국도 세상을 1,000년 넘게 지배한 적이 없습니다. 오직 교회만이 그렇게 해보았습니다. 그런데 놀랍게도 사람들은 그때를 '중세 암흑기'라고 부릅니다. 단순히 세상의 기준으로 평가한 것일까요? 그렇지 않습니다. 교회가 하나님의 절대권을 행사하며 사람들을 교리와 규율의 울타리에 가둬버렸기 때문입니다.

교회는 세속 문화와 격리되어야만 할까요?
교회는 세속문화를 정복하고 말살해야만 옳을까요?
교회가 세속문화를 이끌 수는 없을까요?
누구도 반박할 수 없는 따뜻하고 세련된 설득력으로 세속 문화를 변화시킬 수는 없을까요?

하나님은 한 사람 한 사람에게 독특한 개성과 재능을 주셨습니다. 그런데 교회는 하나님께서 주신 개성을 획일화시키려고 합니다. 마치 머리를 내밀면 망치로 사정없이 내려치는 두더지잡이 게임 같습니다.

아버지의 재산을 탕진한 동생을 위해서는 큰 잔치를 베풀면서도 자신을 위해서는 염소 새끼 한 마리도 주지 않았다고 원망하는 큰아들에게 아버지가 말합니다. "얘, 너는 항상 나와 함께 있으니, 내 것이 다 네 것이 아니냐?"(눅 15:31).

셰릴은 돌아온 둘째아들입니다. 그녀를 원망하는 큰아들로 만들어서는 절대로 안 됩니다.

하나님은 어떤 교리, 어떤 이념에도 가둘 수 없습니다. 하나님을 규정하고 가두려는 순간, 그것이 무엇이든지 자멸하고 맙니다. 하나님은 너무나 크신 분입니다. 하나님은 이런 분이라고 말하는 순간 하나님은 이미 하나님이 아닙니다.

그래서 주인 되신 주님은 "주인이여, 당신은 굳은 사람이라 심지 않은 데서 거두고 헤치지 않은 데서 모으는 줄을 내가 알았으므로 두려워하여 나가서 당신의 달란트(개성, 재능)를 땅에 감추어두었었나이다. 보소서, 당신의 것을 가지셨나이다"(마 25:24-25)라고 말하는 종을 '악하고 게으른 종'이라 질타하시며 어두운 데로 쫓아내십니다.

혹시 교회가 교회를 찾은 사람들을 모두 악하고 게으른 종으로 만드는 것이 아닐까요? 오늘날의 교회 생활 자체가 이미 생기와 활력을 잃어버린 것은 아닐까요?

사도 바울은 말합니다.

"사망이나 생명이나 천사들이나 권세자들이나 현재 일이나 장래 일이나 능력이나 높음이나 깊음이나 다른 어떤 피조물이라도 우리를 우리 주 그리스도 예수 안에 있는 하나님의 사랑에서 끊을 수 없으리라"(롬 8:38-39).

예수님께서 보여주신 하나님의 사랑에서 벗어날 수 있는 존재는 없습니다. 이 하나님의 사랑이 바로 '생명수'입니다. 복음은 바로 그 생명수가 예수님의 십자가를 통하여 끝없이 흐르고 있음을 알려주는 기쁜 소식입니다. 그러므로 모든 하나님의 법도와 규례는 생명 샘으로 인도하는 '이정표'입니다.

생명수를 마시고 새 힘을 얻었으면 다시 일어나 밖으로 나가 신나게, 열심히 살아야 합니다. 그리고 생각하고 모색해야 합니다. 하나님께서 창조하신 여전히 아름다운 이 세상을 나는 무엇으로 재현할까요? 그렇게 사는 인생은 반드시 생명의 결실을 맺습니다. 결실을 맺는다는 것은 증험도 있고 성취함도 있다는 뜻입니다.

신기한 것은, 한 번 마신 예수님의 생명수는 내가 어디로 가든지 무엇을 하든지 내 안에서 끝없이 흘러나온다는 점입니다. 그렇게 해보고도 이뤄지지 않는다면 저를 목사로 여기지 마십시오.

18강 | 신명기 24:10-22

곡식을 벤 후에

종교성이 강화될수록 교회는 기독교의 생명력을 점점 잃고 일상생활과 점점 유리됩니다. 세속적인 욕심을 부추기면서, 동시에 경건의 이름 아래 종교성을 부추긴다면 기독교는 점점 왜곡될 것입니다.

신명기 18강

캐럴 버넷은 〈애니여, 총을 잡아라〉라는 뮤지컬로 유명해진 뮤지컬 배우입니다. 현재는 부와 명성을 누리며 살지만, 어린 시절은 그렇지 못했습니다. 할머니와 어머니, 동생과 함께 살아온 그녀는 너무 가난해 정부보조금으로 연명하기 일쑤였습니다. 그러나 가난은 그녀의 꿈을 꺾지 못했습니다. 열심히 학비를 벌어 대학에서 드라마를 전공하며 때를 기다리고 있었습니다. 어떻게 앞날을 풀어가야 할지 막막하던 차에, 전공 교수님이 연락을 해왔습니다. 유럽으로 이사를 가는데, 송별 파티에서 공연을 해달라는 것이었습니다. 캐럴은 친구들과 함께 한 작품을 열심히 준비하였고, 또 혼신의 힘을 다하여 공연을 하였습니다. 모든 사람이 일어나 박수갈채를 보냈습니다.

공연이 끝난 후에 한 신사가 캐럴에게 다가와서 물었습니다.

"참 좋은 공연이었소. 앞으로의 계획이 무엇인가?"

캐럴이 대답했습니다. "언젠가는 꼭 뉴욕 무대에 서고 싶습니다."

"지금 당장 하면 되지 않겠나?" 그 신사가 말했습니다.

"당장 뉴욕은커녕 집으로 돌아갈 차비도 없는걸요." 캐럴이 풀죽은 목소리로 말했습니다.

"그렇군. 그런데 얼마나 있으면 당신이 하고 싶은 일을 시작할 수 있겠나?" 그 신사가 물었습니다.

"한 1,000달러 정도요." 캐럴이 대답했습니다.

"1,000달러면 시작할 수 있다고? 그럼 내가 그 돈을 지원해주겠소. 그런데 조건이 있소. 첫째는 성공하면 5년 안에 원금을 갚을 것, 둘째는 내가 누구라는 것을 다른 사람들에게는 철저히 비밀로 할 것, 셋째는 나중에 비슷한 처지에 있는 사람을 도와줄 것. 할 수 있겠소?" 신사가 물었습니다.

"네에? 정말요? 그렇게 하겠어요. 전혀 어려운 일이 아니에요!" 캐럴은 마치 꿈을 이룬 양 기뻐하며 외쳤습니다.

캐럴과 친구들은 그 신사로부터 각각 1,000달러를 받아 뉴욕으로 갔고, 그곳에서 각고의 노력 끝에 성공을 하였습니다. 물론 그 돈을 갚았고 그 신사의 신분을 밝히지 않았으며, 캐럴도 자신처럼 꿈은 있으나 가난한 사람들을, 그 신사와 같은 조건을 달고 열심히 돕고 있습니다.

그 신사는 사람들의 꿈을 실현시켜줄 뿐만 아니라, 그 귀하고 아름다운 일을 확산시키고 있는 귀하고 아름다운 사람입니다. 가장 귀한 것은 자신의 이름을 밝히지 않고 조용히 행하고 있다는 점입니다.

다음 글은 교회 홈페이지를 통해 제게 올라온 질문입니다.

목사님, 안녕하세요. 항상 목사님 말씀을 통하여 조금씩 하나님을 똑바로 알고 하나님과 함께 제가 제일 잘하는 일로 하나님을 기쁘시게 해드리려고 노력합니다.

실은, 아는 강도사님께서 저를 위해 기도를 해주셨는데 구렁이가 저를 칭칭 휘감고 있는 환상을 보셨다고 합니다. 그때는 잘못 본 것이려니 하셨는데 이후로도 두 번이나 더 그런 모습을 보셨다고 합니다. 그 강도사님의 사모님이 제게 오셔서 강도사님께 기도를 받아서 그 귀신을 빼내야 한다고 합니다. 그래야 막혔던 모든 것들이 풀리고 진정으로 하나님을 만날 수 있다고 하십니다. 솔직히 두렵습니다. "내 안에 그런 것이 있어서 내가 이런 것인가" 하는 생각도 들고, 어떻게 해야 하는지 알고 싶습니다. 여기 글을 올리시는 모든 분들이 간절함을 갖고 목사님의 답변을 기다리시겠지만, 저도 막막합니다. 목사님이 꼭 도와주셨으면 좋겠습니다.…추석 잘 보내시구요. 감사합니다.

캐럴의 훈훈한 이야기가 만든 따뜻한 분위기가 갑자기 어둡고 기괴한 것으로 돌변해버렸습니다.

이런 유의 질문은 끝이 없습니다. 어쩌다가 존귀하신 하나님의 기독교가 삼류 무속종교에서나 들을 수 있는 이야기로 가득하게 된 것일까요?

신명기는 가나안 땅에서 살아야 할 실제 삶에 관한 모세의 당부를 기록한 책입니다. 만일 위 질문의 내용과 같은 사항이 정말 중요한 것이라면 모세는 그에 대해서 자세히 언급하였을 것입니다. 그런데 그에 대해 모세는 딱 한 번 언급했을 뿐입니다. 신명기 13장의 내용입니다. 모세는 그 꿈의 내용이 어떤 것인지 묻지 않고, 절대로 그런 류가 가나안 땅에 발붙이지 못하게 하라고, 철저히 몰아내라고 당부할 따름입니다.

종교란, 땅의 인간이 하늘의 신을 잘 섬겨 그 신으로부터 복을 받으려는 인간의 행위를 말합니다. 각 종교마다 그 신을 잘 섬기기 위한 특정 방법들(벽면참선, 고행, 적선積善, 오체투지, 번지 점프 등)과 계율들이 있습니다. 이 모두 그 신과 교통하여 계시를 받았다는 특정인(종교 창시자나 교주 등)에 의해서 제정된 것들입니다. 그래서 그 특정 방법들과 계율들을 열심히 지켜 그 신으로부터 복을 받으려 합니다. 그 과정 중에 잘한 사람과 못한 사람들이 갈라져 계급이 생깁니다. 잘한 사람은 그 종교의 엘리트 계층을 형성하고 신의 대리자 역할을 수행합니다. 가장 잘했다는 사람은 신의 반열에 오릅니다. 모든 종교의 본질은 대략 비슷합니다.

그런 차원에서 보자면 기독교는 종교가 아닙니다. 종교가 땅의 사람들이 위로 올라가려는 몸부림이라면, 기독교는 반대로 하나님께서 땅으로 내려오시는 것입니다. 왜 그럴까요? 우리 인간들이 타락하여 우리가 하나님의 자녀란 사실을 모르고 사탄을 좇기 때문입니다. 사랑하는 자녀가 유괴범인 줄도 모르고 따라가는데 그 자녀를 찾아나서지 않을 부모가 어디 있겠습니까?

다른 종교에서는 종교 행위를 열심히 해야 '신의 자녀'가 된다고 하는데, 하나님께서는 우리를 태초부터 자신의 형상으로 만든 '가장 사랑하는 자녀'라고 하셨습니다. 인간 부모도 자녀가 나태하고 잘못하면 벌을 줄지언정 지옥으로 보내지는 않습니다. 문제는, 인간들이 자신이 하나님의 형상으로 창조된 하나님의 자녀란 사실을 부인하고 각자 제 길로 가는 것입니다.

성경은, '하나님의 자녀'로 시작해서(창 1장) '예수님의 친구'(요 15장)를 거쳐 '어린양의 신부'(계 21장)로 끝납니다. 자녀, 친구, 신부, 모두 가장 가까운 존재입니다. 그 사이에 누가 끼어들면 화가 나고 슬프고 힘들어집니다.

결혼한 새댁이 남편과의 합방을 시어머니께 일일이 물어봐야 한다면 새댁의 심정은 지옥 그 자체일 것입니다. 그런데 왜 하나님의 자녀요, 예수님의 친구요, 어린양의 신부인 나와 하나님 사이에 목사가 자꾸 끼어들려 하고, 또 그것을 당연한 것으로 받아들이고, 나아가서는 스스로 불러들이는 것일까요?

이 모든 비본질적인 왜곡들은, 기독교를 다른 종교와 같은 차원에서 보기 때문입니다. 그래서 강도사의 꿈에 놀아나고, 말 한마디에 존재 자체가 무너져버립니다. 사탄? 그 존재가 나를 유혹하여 파멸시키는 것임을 알면 따라나서지 않으면 그뿐입니다. 우리는 인간이므로 나쁜 생각을 할 때도 있고, 하나님께서 기뻐하시지 않는 일을 할 때도 있습니다. 사람이라면 사탄이 주는 생각에 흔들릴 때도 있습니다. 사도 바울도 그랬습니다.

"내 지체 속에서 한 다른 법이 내 마음의 법과 싸워 내 지체 속에 있는 죄의 법 아래로 나를 사로잡는 것을 보는도다. 오호라, 나는 곤고한 사람이로다. 이 사망의 몸에서 누가 나를 건져내랴?" (롬 7:23-24) 하고 장탄식을 합니다. 인간은 연약한 존재입니다. 그러나 우리에게는 예수 그리스도가 계십니다.

　C. S. 루이스는 《천국과 지옥의 이혼》이라는 책에서, 사탄의 모든 악을 모은다고 하더라도 그 악은 바닷물에 떨어진 잉크 한 방울에 불과하다고 하였습니다. 사탄은 결코 우리를 털끝 하나 건드리지 못합니다. 다만 '거짓의 아비'로서 미혹하여 우리를 벌벌 떨게 만들어 자신이 원하는 곳으로 유도할 뿐입니다. 그러므로 사탄을 물리치는 방법은 너무나 간단합니다. "나는 하나님의 자녀야. 절대로 너를 쫓아가지 않을 거야!" 이것으로 충분합니다. 요즈음은 유치원생들도 아무리 과자로 유혹해도 모르는 사람을 절대로 따라가지 않습니다. 그래도 사람은 완력을 써서 강제로 납치라도 하겠지만 사탄은 절대로 그렇게 하지 못합니다. 그런 사탄의 공허한 위협에, 그것도 목회자의 말을 듣고 벌벌 떤다면, 저는 이렇게 반문할 수밖에 없습니다. "제 설교를 열심히 들었다면서요? 그런데 뭘 들으신 건가요?"

　기독교에는 종교 엘리트가 있을 수 없습니다. 다만 하나님의 자녀답게, 예수님의 친구답게, 그리스도의 신부답게 가르치고 양육하는 선생만 있을 뿐입니다. 그래서 사도 바울이 이런 말을 합니다. "내가 하나님의 열심으로 너희를 위하여 열심을 내노니, 내가 너희를 정결한 처녀로 한 남편인 그리스도께 드리려고 중매함이로다"(고후 11:2).

키에르케고르는 "교회는 극장이 아니다"라는 유명한 말을 했습니다. 극장이란 무대 위에서 배우들이 공연을 하고 관객들은 어두운 데 앉아서 구경을 하고 열광하는 곳입니다. 요즈음 교회들이 그렇습니다. 목사가 원맨쇼를 하고 교인들은 자리에 앉아서 구경을 합니다. 그러고는 목사에게 열광하고 추종합니다. 다른 종교에서나 연출되는 광경입니다. 기독교는 절대로 그런 것이 아닙니다.

기독교에서 주인공은 '하나님의 자녀'들이요 관객은 '하나님'이십니다. "뭐라고요? 관객이 하나님이라구요? 이런 불경스런 일이!"라고 할 수도 있겠지만, 잠깐만이라도 생각해보십시오.

인간 부모들도 자녀들을 이 세상에서 제대로 살게 하려고 밤잠을 자지 않습니다. 부모에게 가장 슬픈 것은 자녀들이 제 몫을 다하지 못하고 멍청이처럼 사는 것이고, 가장 기쁜 것은 자녀들이 잘되는 것입니다. 그런 부모의 사랑도 하나님의 사랑과 비교할 수 없을 정도로 작습니다. 그 크신 하나님의 사랑은, 우리로 하여금 어떻게 해서든지 자랑스런 자녀요, 당당한 예수님의 친구요, 정결한 그리스도의 신부가 되게 하려고 아들의 목숨까지 버리게 하셨습니다. 그 사랑을 아는 사도 바울은 바로 그 '하나님의 열심'으로 온 힘을 다해 성도들을 정결한 그리스도의 신부로 만들기 위해 애썼습니다.

목사는 기독교의 무당이 아닙니다. 영적 교사입니다. 사도 바울처럼 위대한 인물이 그랬다면, 우리 같은 하찮은 사람들은 더욱 열심히 성도들을 가르쳐야 합니다. 목사가 교인들 위에 군림해서는 절대로 안 됩니다. 예수님도 인간에서 종으로, 그것도 모자라 십자가까지 낮아지셨습니다. 그리고 분명히 말씀하십니다. "인자가 온 것은 섬김을 받으려 함이 아니라 도리어 섬기려 하고 자기 목숨을 많은 사람의 대속물로 주려 함이니라"(마 20:28).

섬기러 오신 예수님께서는 바리새인들을 질타하셨습니다. 바리새인들은 '율법 준수'를 복 받는 비결로 만들고, 준수 여부에 따라 계급을 만들어 자신들은 종교 엘리트로서 하나님의 자녀들을 속이고 군림하였습니다. 한마디로, 신앙의 종교화가 그들의 으뜸가는 죄악입니다.

예수님은 분명히 말씀하셨습니다. "화 있을진저, 외식하는 서기관과 바리새인들이여, 너희는 천국 문을 사람들 앞에서 닫고 너희도 들어가지 않고 들어가려 하는 자도 들어가지 못하게 하는도다"(마 23:13).

기독교가 종교화하면서 무속종교에서나 들을 수 있는 말들이 난무하고, 사람들을 종교 행위에 몰두하게 만듭니다. 그래서 질문들도 대부분 그런 류에 관한 것들로 채워집니다.

종교성이 강화될수록 교회는 기독교의 생명력을 점점 잃고 일상생활과 점점 유리됩니다. 아예 산으로 들어간 불교가 차라리 낫습니다. 시내 중심가에 자리잡고 세속적인 욕심을 부추기면서, 동시에 경건의 이름 아래 종교성을 부추긴다면 기독교는 점점 기괴하게 왜곡될 것입니다.

하나님께서는 모세를 통해서 분명히 말씀하십니다. 이 땅에서 가장 귀한 일은 바로 가난한 이웃에게 베푸는 사랑이라고. 그 자선에 대해서 아주 자세하게 설명해주십니다.

자선의 대전제가 있습니다. "너는 애굽에서 종 되었던 일과 네 하나님 여호와께서 너를 거기서 속량하신 것을 기억하라. 이러므로 내가 네게 이 일을 행하라 명령하노라"(신 24:18).

한마디로 올챙이적 일을 잊지 말라는 것입니다.

가난한 사람들에게 사랑을 베푸는 것은 내 만족을 위하거나 내 이름을 내거나 내 업적을 쌓기 위함이 아니라, 하나님께서 나를 구원해주셨고 내가 하나님의 사랑을 알았기 때문입니다. 하나님께서는 이스라엘 백성을 사랑하셔서 노예생활에서 속량해주셨습니다.

속량한다는 것은 노예를 값을 치르고 사서 자유를 주며 해방시킨다는 말입니다.

길을 가다 보니 한 노예가 주인으로부터 매를 맞고 있습니다. 너무나 불쌍해서 주인에게 그 노예의 값을 치르고 샀습니다. 그 노예는 포악한 주인으로부터 벗어난 것입니다. 너무나 기뻐서 새 주인을 따라가려고 하니까, 그 사람이 이렇게 말합니다. "이제부터 당신은 자유입니다." 그 말을 들은 노예는 믿을 수가 없습니다. 한번 노예는 영원한 노예인데, 그 굴레를 벗어난 것입니다. 이제 그 노예는 자유롭게 살아갑니다. 그러면서 자신에게 자유를 준 그 사람을 잊지 못합니다. 그의 깊고 깊은 사랑을 잊지 못합니다. 그래서 자신도 다른 사람에게 자유를 주는 삶, 다른 사람을 살리는 삶을 살아갑니다. 이 사람의 도움으로 살아난 또 다른 사람이 그에게 머리 숙여 진정으로 감사하다고 말합니다. 그러자 노예였던 그 사람은 자신을 살려준 이름 모를 그 사람의 이야기를 해주며, 그 사람에게 감사하라고, 자신이 이렇게 하는 이유는 모두 그 사람 덕분이며, 그 사람이 자신을 해방시켜주었기 때문이라고 말해줍니다.

예수님께서 죄의 노예, 사탄의 종이었던 우리를 해방시켜주셨습니다. 그래서 우리는 자유롭게 살아갑니다. 살아가면서 나를 죄의 종노릇에서, 사탄의 파괴의 손길로부터 해방시켜준 예수님의 사랑을 잊지 못합니다. 그래서 나도 주님처럼 다른 사람을 도와주고 살리는 일을 하며 살아갑니다. 그리고 내 도움을 받은 사람들이 고마워할 때마다 주님께 감사하라고 말합니다. 내 이름은 주님의 이름 뒤에 숨어버립니다. 이것이 복음의 핵심입니다.

인위人爲라는 한자가 있습니다. 사람을 위한다는 뜻입니다. 이것을 합쳐서 하나의 글자로 만들면 놀랍게도 가짜, 사이비 위僞 자가 되어버립니다.

나를 위한 삶, 그것은 가짜라는 것입니다. 나를 위해 세우는 아세라 상, 나를 위하여, 나의 부귀영화와 무병장수와 만사형통을 위해 하나님을 섬긴다면 그 섬김마저 가짜라는 말입니다. 하나님께서는 우리에게 진정한 생명, 진정한 자유를 주려 하십니다. 진짜 인생을 살게 하기 위해서입니다.

사도 바울은 이렇게 말합니다. "내가 내게 있는 모든 것으로 구제하고, 또 내 몸을 불사르게 내줄지라도 사랑이 없으면 내게 아무 유익이 없느니라"(고전 13:3).

아무리 선한 일이라도 내 만족이나 내 이름을 위하여 할 때에는 아무것도 아니라는 말씀입니다.

하나님께서는 구체적으로 가난한 사람들을 어떻게 도와야 하는

지 가르쳐주십니다. "네 이웃에게 무엇을 꾸어줄 때에 너는 그의 집에 들어가서 전당물을 취하지 말라"(신 24:10). 돈을 꾸어줄 때 담보를 잡지 말라는 것입니다. "너는 밖에 서 있고 네게 꾸는 자가 전당물을 밖으로 가지고 나와서 네게 줄 것이며"(신 24:11).

가난한 자가 담보물을 들고 나와서 돈을 꾸어주는 사람에게 주면, 부자는 그 담보물을 가지고 돌아옵니다. 그런데 그 담보물이 하나밖에 없는 겉옷이었습니다. 부자는 이렇게 생각합니다. '저녁이 되었는데, 이 겉옷이 없으면 그 사람이 춥겠구나.' 그러고는 그 겉옷을 돌려줍니다. 가난한 사람은 그 겉옷을 받고는 또다시 고마워합니다. 하나님께서 말씀하십니다. "그리하면 그가 그 옷을 입고 자며 너를 위하여 축복하리니, 그 일이 네 하나님 여호와 앞에서 네 공의로움이 되리라"(신 24:13).

또한 어떤 사람이라도 학대해서는 안 됩니다. "곤궁하고 빈한한 품꾼은 너희 형제든지 네 땅 성문 안에 우거하는 객이든지 그를 학대하지 말며"(신 24:14).

못 배우고 가난하다는 이유로 그를 무시하고 차별하지 말아야 합니다. 또한 성문 안에 우거하는 객에게 사랑을 베풀라는 말입니다. 외국인 노동자, 조선족, 탈북 동포들에게 하나님의 사랑을 베풀어야 합니다.

우리 민족도 수많은 외세의 침략을 받아 고난을 당하였고, 지금도 외국에서 차별과 무시를 당하며 살아가고 있습니다. 그런데 정작 우리나라에서는 그들을 오히려 학대하며 차별합니다. 절대로 그래서는 안 됩니다. 하나님께서 가슴 아파하십니다. 그들을 도와주고, 말 한마디라도 따뜻하게 건네야 합니다.

하나님께서는 추수할 때에 언제나 가난한 사람들을 위한 몫을 따로 남겨두라고 하십니다. "네가 밭에서 곡식을 벨 때에 그 한 뭇을 밭에 잊어버렸거든, 다시 가서 가져오지 말고 나그네와 고아와 과부를 위하여 남겨두라. 그리하면 네 하나님 여호와께서 네 손으로 하는 모든 일에 복을 내리시리라"(신 24:19).

기독교는 '종교성'을 키우는 종교가 아닙니다. 종교성을 강조할수록 기독교는 생명력을 잃습니다. 하나님 아버지를 가장 사랑하며 이웃을 위하여 목숨까지 버리신 '예수님의 영성'을 닮아 나도 예수님처럼 살아가는 것이 기독교의 본질입니다.

예수님은 예배에 목숨을 걸기보다는 자비에 목숨을 걸기를 원하십니다. 예수님께서 분명히 선언하십니다. "나는 자비를 원하고 제사를 원하지 아니하노라"(마 12:7).

"네가 네 하나님 여호와의 말씀을 청종하면
이 모든 복이 네게 임하며 네게 이르리니."

(신 28:2)

하나님이 약속하신 복

디트리히 본회퍼는 이런 말을 했습니다. "하나님께서 우리 눈에 보이게, 인식할 수 있게, 실제적으로 우리와 함께 계시는 것 자체가 곧 복이다. 이 복은 계속해서 다른 사람들에게 전달되어야 한다. 복을 받는다는 것은 스스로 복이 되는 것이다."

The Story of Heaven

19강 | 신명기 28:1-10

전천후 복을 약속하신 이유

내가 복의 근원이 되는 복은 가장 '원초적인 복'입니다. 하나님께서 인간을 창조하신 목적도, 아브라함을 부르신 목적도 모두 복의 근원이 되게 하기 위해서입니다.

신명기 19강

존은 뉴멕시코의 나바호 족 인디언의 기숙학교 교사로 한동안 일했습니다. 그가 가르친 인디언 원주민 아이들은 미국에서 가장 가난한 아이들이었습니다. 가진 것이라고는 입고 있는 옷이 전부였고, 가지고 놀 만한 장난감도 거의 없었습니다. 그런데도 아이들은 학교에서 심심하다는 말을 단 한 번도 하지 않았습니다. 저희들끼리 새로운 놀이를 끊임없이 만들어냈고, 모두들 아주 행복하고 구김살 없이 자라났습니다.

그해 크리스마스에 존은 가족을 만나러 집으로 갔습니다. 집에는 아름다운 대형 크리스마스트리가 마련되어 있었고 그 아래에는 선물 꾸러미가 수북이 쌓여 있었습니다. 열 살짜리 동생은 열댓 개나 되는 꾸러미들을 허겁지겁 뜯었습니다. 부모님과 할머니 할아버지, 친지와 친척들이 보내준 것이었습니다. 며칠 뒤, 동생은 친구와 함께 텔레비전을 보고 있었는데, 그 많은 선물과 장난감들은 동생의 침실에 아무렇게나 널브러져 있었습니다. 두 소년은 이렇게 불평하였습니다. "아이, 심심해 죽겠네."

존은 그 소리를 들으며, 행복은 물질에서 오는 것이 아니란 것을 분명히 깨달았습니다. 그럼에도 불구하고, 많은 부모들이 아이들의 행복은 물질에서 온다고 강력하게 믿고 있습니다.

미국 십대 소녀들을 대상으로 설문 조사를 하였는데, 93%는 가장 좋아하는 활동을 쇼핑이라고 대답하였고, 다른 사람을 돕는 것이라 대답한 소녀들은 5%를 밑돌았습니다.

조지 워싱턴 대학의 학생들에게 당신이 가장 중요하게 여기는 것이 무엇이냐고 물었습니다. 42%의 학생이 외모와 머릿결이라고 대답하였습니다. 머릿결이라는 대답이 나온 이유는 그곳이 흑인들이 많이 다니는 학교였기 때문입니다. 그리고 18%의 학생은 늘 취해 있는 것이라고 대답했고, 고작 6%의 학생만이 세상과 인생에 대하여 배우는 것이라고 대답하였습니다.

신종 단어 중에 '어플루엔자affluenza'라는 말이 있습니다. 이 말은 '풍요'라는 뜻의 affluence와 '감기 바이러스'인 influenza가 합쳐져 만들어진 단어로, '소비중독증'이란 말입니다. 이 소비중독증은 물질 만능주의로 살아가는 현대인들이 알게 모르게 앓고 있는 심각한 정신병의 일종입니다. 기분 전환을 한답시고 멀쩡한 가구들을 버리고 새 가구를 들여놓습니다. 우울하다고 여전히 잘 굴러가는 자동차를 버리고 3년마다 새 자동차를 구입합니다. 옷장에 옷이 가득한데도 입고 나갈 옷이 없다고 말합니다. 그래서 또 다른 옷을 카드로 사들입니다.

현대에서 가장 강력한 사탄의 유혹은 '천박한 상업 자본주의'입니다. 열심히, 성실히 일하고 착실하게 부를 축적해가는 자본주의는 사람들에게 동기를 부여하고 성취감을 주는 좋은 제도입니다. 그러나 천박한 상업 자본주의의 배후에는 사탄이 도사리고 있음을 알아야 합니다. 사탄은 매스컴을 통하여, 광고를 통하여 정신 못 차릴 정도로 사람들을 유혹하고 있습니다.

텔레비전 광고에서 아름다운 한 여성이 숲 속을 달리고 있습니다. 그러다가 그 화면이 실내에서 러닝머신 위를 달리는 모습으로 바뀝니다. 그리고 말합니다. "이 러닝머신을 사십시오. 숲속을 달리는 것처럼 상쾌하며, 이 여성처럼 아름다워집니다." 그래서 무리를 해서 값비싼 러닝머신을 사니 집이 좁아집니다. 좁은 집에 대하여 불만이 생깁니다. 그렇다고 열심히 달리는 것도 아닙니다. 러닝머신 위에 빨래를 널어놓습니다. 그러고는 또 다른 운동기구를 삽니다. 그것도 이내 싫증이 나는 것은 마찬가지입니다.

잘 생각해보십시오. 사실은 실내에 러닝머신을 들여놓는 것보다 자연으로 나가는 것이 훨씬 낫습니다. 한강 고수부지에만 나가도 고가의 러닝머신 위를 달리는 것과는 비교할 수 없습니다. 돈을 들이지 않고도, 멀쩡한 폐품을 또 만들어내지 않아도, 집이 좁아지지 않으면서도 훨씬 더 기분이 좋아지고 몸도 건강해집니다.

20세기의 위대한 역사학자 아놀드 토인비는 이런 말을 하였습니다. "한 문명의 성장 척도는 에너지와 관심을 물질적 측면에서 정신적, 심미적, 문화적 측면으로 돌릴 수 있는 능력이다." 물질에 관심을 두는 공동체는 점점 쇠퇴하고, 정신과 영혼에 관심을 두는 공동체는 점점 성장한다는 것입니다.

고린도전서 13장이 '사랑장'이라고 불리듯이, 신명기 28장은 '축복장'이라고 불립니다. 이 신명기 28장은 복에서 시작하여 복으로 끝납니다.

성읍에서도 복을 받고, 들에서도 복을 받고, 우리 몸의 소생, 즉 자녀들뿐만 아니라 토지의 소산과 내가 키우는 짐승까지도 복을 받습니다. 우리 광주리와 떡 반죽 그릇이 복을 받아서 풍족하게 먹고 마실 수 있습니다. 들어와도 복이요, 나가도 복입니다.

그야말로 '전천후 복', 어디 하나 부족한 것이 없는 완벽한 복입니다. 이것을 하나님께서 우리에게 주시겠다는 것입니다.

하나님께서 약속하신 이 전천후 복과 '어플루엔자'에 걸린 현대인들이 원하는 것의 차이점은 무엇일까요?

이 둘은 분명히 다릅니다. 그런데, 이 약속의 말씀을 믿는 대부분의 그리스도인들이 원하는 것은 어플루엔자 병에 걸린 사람들이 원하는 것과 그다지 다르지 않습니다. 우리도 풍요와 번영을 원합니다. 차이점이 있기는 합니다. 하나님을 모르는 사람들은 번영을 얻기 위해서 물불을 가리지 않고, 때로는 수단과 방법도 가리지 않고 동분서주하는 반면, 하나님을 믿는 사람들은 교회생활을 병행하면서 열심히 구한다는 것이 차이라면 차이입니다.

그런데 만일 하나님께서 우리에게 주고 싶어 하시는 것이 그런 것이 아니라면, 또한 그런 것들을 주시되 주시는 이유가 다른 것이라면, 문제는 좀 심각해집니다. 열심을 다한 교회 생활도 이사야가 말했던 '성전 마당만 열심히 밟는 꼴'로 전락해버리기 때문입니다.

"하나님, 부자가 되게 해주세요." 열심히 기도합니다.

"왜? 부자가 되어서 뭐하려고?" 하나님께서 물으십니다.

"부자가 되면 좋잖아요. 하나님 일도 열심히 할게요." 내가 대답합니다.

"그래, 기특한 생각이구나. 그런데 가만 보니까 너는 그냥 그대로 사는 게 네 자신에게도, 다른 사람들에게도 좋을 것 같구나. 괜히 힘자랑 하면서 남들을 괴롭힐 테니까."

'축복'이란 말은 라틴어 '베네디체레 benedicere'에서 파생된 단어로, '칭찬'이라는 뜻입니다. 즉 누군가를 축복한다는 것은 그 사람을 칭찬하는 것입니다.

예수님께서 요단 강에서 세례를 받으실 때, 하늘에서 큰 음성이 들려왔습니다. "이는 내 사랑하는 아들이요, 내 기뻐하는 자라" (마 3:17).

예수님처럼 하면 하나님으로부터 칭찬을 받고 복을 받습니다. 예수님도 기회가 생길 때마다 '나를 따르라'고 하셨습니다. 그런데 예수님처럼 하는 것은 어떻게 하는 것일까요? 예수님께서 이 땅에 계셨을 때 하도 많은 일을 하셔서 예수님처럼 하기란 불가능하지만 말입니다.

예수님의 모든 언행을 분류하면 딱 두 가지입니다. 하나님을 몸과 마음과 뜻과 목숨을 다하여 사랑하는 것과, 내 이웃을 내 몸과 같이 사랑하는 것입니다. 그렇게 하실 예수님을 향해 하늘에 계신 하나님께서 칭찬(축복)하신 것입니다.

디트리히 본회퍼는 이런 말을 했습니다. "하나님께서 우리 눈에 보이게, 인식할 수 있게, 실제적으로 우리와 함께 계시는 것 자체가 곧 복이다. 이 복은 계속해서 다른 사람들에게 전달되어야 한다. 복을 받는다는 것은 스스로 복이 되는 것이다."

어렵게 말하고 있지만, 이런 뜻입니다. 내가 하나님과 함께 있어서 하나님의 뜻이 내 삶에서 실현되고, 그런 내가 다른 사람들에게 덕을 끼치는 것이 바로 복이라는 것입니다. 다른 사람들이 나를 좋아하고, 나와 함께 있으면 그 사람들이 살아납니까? 그렇다면 나는 하나님으로부터 복을 받은 것입니다.

하나님의 복은 절대로 혼자 누리라고 주신 것이 아닙니다. 나누라고 주신 것입니다.

오래된 아일랜드 축복기도문 중에 이런 구절이 있습니다.

당신 감자에 서리가 내리지 않기를, 양배추가 벌레 먹지 않기를 기도합니다. 당신네 염소에서 젖이 많이 나오고, 만일 당나귀를 산다면 그 당나귀가 튼튼한 새끼를 많이 낳도록 도와주소서!

이런 기도문을 그 사람에게 말로만 전하는 것이 아니라 그 사람이 나를 만나면 실제로 그런 좋은 일들이 많이 일어나는 것이 바로 내가 하나님의 복을 받았다는 증거입니다.

사람들이 나를 재수 없어 하거나, 남들로부터 '너나 잘하세요' 소리를 절대로 들어서는 안 됩니다. 아무리 내가 높은 자리에 앉고 돈이 많고 건강하고 잘나가도 그런 소리를 듣는다면 나는 하나님의 복을 받은 것이 아닙니다.

사람들이 끝도 없이 물건을 사들이고 소비하는 이유는 행복해지기 위해서입니다. 행복이라는 영어 단어 happiness는 happen에서 유래한 것입니다. 이 말의 뜻은 '우연히 일어나다'입니다.

즉 행복이란 무엇입니까? 우연히 일어나는 것입니다. 한마디로 해프닝입니다. 능력 있는 남자와 결혼을 하면, 처가집이 잘 살면 행복해지리라 생각합니다. 땅을 샀는데 그 땅값이 벼락같이 올랐습니다. 우연히 복권을 샀는데 그 복권이 당첨되어 수억 원을 얻습니다. 그래서 사람들은 그런 우연을 만나기 위해 목을 빼고 행운이 있을 법한 곳을 찾아다닙니다. 교회에 다니는 사람들까지도 그런 우연을 많이 만나게 해달라고 하나님께 기도합니다.

하나님의 복은 결코 그런 것이 아닙니다. 성경의 복은 blessing이라고 합니다. 이 말의 어원은 bleed로, '피를 흘리다', '희생하다' 라는 뜻입니다.

　복은 히브리어로 '바라크barak'라고 하는데, 그 뜻은 '무릎을 꿇다' 입니다. 여기에는 깊고 깊은 영적 의미가 있습니다. 복이란, 세상에서 찾아 헤매며 얻는 것이 아니라 하나님으로부터 임하는 것이며, 하나님 앞에 겸손히 무릎을 꿇는 순종의 상태에서 얻는 것이라는 뜻입니다.

　겸손히 무릎 꿇고 하나님의 뜻을 배우고, 깨닫고, 밖으로 나가서는 내가 손해를 보더라도 다른 사람들은 이롭게 할 때 임하는 것이 하나님의 복입니다. 다른 사람들을 살리는 하나님의 복을 받았다는 것을 다른 말로 하면, '복의 근원'이 된다는 것입니다.

　내가 복의 근원이 되는 복은 가장 '원초적인 복'입니다. 하나님께서 인간을 창조하신 목적도, 아브라함을 부르신 목적도 모두 복의 근원이 되게 하기 위해서입니다.

　"하나님이 그들에게 복을 주시며 하나님이 그들에게 이르시되, 생육하고 번성하여 땅에 충만하라. 땅을 정복하라. 바다의 물고기와 하늘의 새와 땅에 움직이는 모든 생물을 다스리라 하시니라" (창 1:28).

　하나님께서 인간에게 복을 주셨습니다. 그 이유는, 생육 번성 충만하여 땅을 정복하여 모든 생물을 이용하고 잡아먹으라는 것이 아니라, 모든 생물을 '다스리라'는 것입니다. '다스리라'는 히브리어 '라다'로서, '군림하라'는 의미가 아니라 '돌보다', '살게 하다'라는 의미입니다. 즉, 복을 주신 이유는 모든 생물을 잘 돌보아서 살게 하기 위해서입니다.

복의 근원이 되게 하신 이유는 여기서 멈추지 않습니다.

하나님께서 우주만물을 창조하시고 '보기에 좋다'고 말씀하셨는데 여기의 '좋다'는 '조화롭다'에서 유래한 말입니다. 현대 과학은 우주만물이 서로 맞물려 조화롭게 운행하고 있음을 증명하고 있습니다. 또한 하나님은 우리 사람들을 하나님의 형상으로 만드시고는 '심히 좋다'고 하셨습니다.

'심히 좋다'고 하신 것은, 복의 근원인 우리가 모든 사람과 피조물들 사이를 조화롭게 만드는 핵이요 중심이 되라는 뜻입니다. 즉 하나님의 창조 세계에 적극 참여하여 망가진 세상을 원래대로 회복시키는 일을 하라는 것입니다.

그러나 인간은 오직 '자신만을 위해서' 복을 기원하였고, 복을 챙기고 독점하였습니다. 그러자 하나님은 홍수로 심판하셨고, 열심히 쌓은 바벨탑을 무너뜨리셨습니다. 그러고는 아브라함을 부르셨습니다.

자신의 본토 친척 아비 집만을 융성하게 하기 위한 몸부림을 멈추고 하나님께서 지시하시는 곳으로 가라 하시면서, 다음과 같은 약속을 주셨습니다. "내가 너로 큰 민족을 이루고 네게 복을 주어 네 이름을 창대하게 하리니 너는 복이 될지라"(창 12:2).

  큰 민족을 이루고 그 이름을 창대하게 하시리라는 약속은 곧 전천후 복의 약속이며, 이러한 복을 허락하시는 목적은 오직 아브라함과 그 후손이 '복'이 되어 '땅의 모든 족속이 너로 말미암아 복을 얻게 하기'(창 12:3) 위함입니다.

  복이 되어 다른 사람들을 살리기로 결심한 사람들에게 하나님의 복이 내리기 시작합니다. 가장 먼저 그 자신이 하나님의 생명력으로 넘쳐납니다. 손을 대는 것마다 살아납니다. 성읍에서도, 즉 번잡한 도시에서도, 아무것도 없는 황량한 빈들에서도 하는 일마다 잘됩니다.

  콜롬비아의 파울로 루가리는, 한때 풍요로웠던 비차다 지역이 사막화되어 식수조차 제대로 얻지 못할 정도로 주민들의 삶이 피폐한 것을 안타깝게 생각했습니다. 어떻게 하면 사람들과 그 지역을 살릴 수 있을까 연구하던 끝에 캐리비아 소나무에서 가능성을 찾았습니다. 전문가들조차 불가능하다고 생각했지만, 그는 나무를 심기 시작했습니다. 많은 소나무가 뿌리를 내리지 못하고 죽었지만 그래도 열심히 심었습니다. 점차 그늘이 생기고 떨어진 소나무 잎이 두꺼운 카펫을 형성하면서 수분 증발과 씨앗들의 손실을 막았습니다. 숲이 점점 넓어졌고 다양한 생물들이 자리를 잡았으며, 시내가 흐르기 시작했습니다. 변화의 속도는 엄청났습니다. 불과 25년이 지난 지금, 구름마저 와서 쉬고 비를 내려주고 가는 에덴동산이 되었고, 그 지역 물은 에비앙 못지않은 최고급 물로 수출까지 하게 되었습니다.

일터에 '나가도' 나로 인하여 주변의 모든 사람들이 복을 받습니다. 미국 최대 가전제품 회사 GE에서 임원을 선발할 때 가장 중점을 두는 것은, 그 사람으로 인하여 부하직원들이 얼마나 잘 되었는가입니다. 복의 근원인 사람만이 임원이 될 자격이 있다는 것입니다. 복의 근원인 그 사람은 집에 '들어와도' 그 집안이 잘됩니다. 자녀들도 잘됩니다.

복의 근원이 된 성도들에게 주어지는 복은 여기서 그치지 않습니다. "여호와께서 너를 대적하기 위해 일어난 적군들을 네 앞에서 패하게 하시리라. 그들이 한 길로 너를 치러 들어왔으나 네 앞에서 일곱 길로 도망하리라"(신 28:7).

일곱 길로 도망간다는 것은 완전한 패배를 의미합니다. 아무리 막강한 반대 세력이 훼방을 해도 복의 근원이 된 사람은 끝내 승리

한다는 것입니다.

　흑인 인종 차별 금지를 외쳤던 마틴 루터 킹 목사 덕분에 미국에서 인종 차별이 법으로 금지되었습니다. 이는 작은 예입니다. 노예 해방, 남녀와 인종 차별 금지, 식민지 해방 등 도저히 이뤄지지 않을 것 같았던 일들이, 성경에 의해서 고발되고 하나님의 사람들에 의해서 발의되고 엄청난 저항을 이겨내고 이뤄졌습니다.

　요즈음 전 세계로 확산되고 있는 부자 1%에 반대하는 99%의 저항이, 현대를 지배해 온 '금융 상업자본'이라는 맘몬Mammon을 반드시 무너뜨리고 하나님 나라에 보다 가까운 정의와 사랑의 세계를 열 것으로 확신합니다.

　왜 전천후 복을 약속하셨는지 하나님의 의도를 올바로 깨닫고 나만을 위한 기복신앙을 버려야 합니다. 나人만을 위爲한 것은 모두 가짜僞라는 사실을 마음에 새깁시다.

20강 | 신명기 32:1-14

모세의 노래

하나님께 엄위와 영광을 돌리는 사람은 스데반처럼, 야곱처럼, 수많은 신앙의 선배들처럼 주의 얼굴을 봅니다. 하나님의 얼굴에서 나오는 광채는 모든 어두움과 악과 혼돈을 물리칩니다.

신명기 20강

이규웅 씨는 무기수입니다. 그는 군복무 중이던 1988년 1월, 사소한 갈등 끝에 자신을 자제하지 못하고 내무반에서 총을 쏘아 세 동료의 목숨을 앗는 끔찍한 일을 저지르고 말았습니다. 그 일로 그는 무기징역을 선고받았습니다.

그는 교도소의 문제아였습니다. 살인자라는 자책감이 스스로를 자포자기 상태로 몰아갔고, 동료들과의 잦은 싸움으로 독방 신세를 지는 일이 많았습니다. 그렇게 8년 세월을 보냈습니다.

그의 뒤틀린 마음을 돌이키게 한 것은 어머니의 끈질긴 권유였습니다. 어머니는 교회와 집을 오가며 기도하고 또 기도했습니다. 그리고 아들에게 매일 편지를 보냈습니다. 어머니의 기도가 마음

모 세 의 노 래   293

을 움직였는지, 그는 교도소 내 성가대에 서기 시작했고, 그의 마음도 서서히 풀리기 시작하였습니다. 찬양을 통하여 하나님을 만나고, 하나님을 만나면서 소망을 보기 시작하였습니다.

그는 공부를 다시 하기 시작했습니다. 1998년 독학으로 영어영문학 학사 학위를 얻었고, 여러 개의 자격증도 취득하였습니다. 그리고 모범수에게 주어지는 1주일 동안의 휴가를 받아 13년 7개월 만에 세상에 나와, 건국대 응용생물학과 편입시험을 쳤습니다.

그가 소망하는 것은 언젠가 의사가 되어 생명을 살리는 삶을 사는 것입니다. 그의 입에서 떠나지 않는 말이 있습니다. '희망을 잃지 말라'는 말입니다.

하나님을 향해 나가는 두 가지 생명의 문이 있습니다. 찬양과 말씀입니다. "너희는 이 노래를 써서 이스라엘 자손들에게 가르쳐 그들의 입으로 부르게 하여 이 노래로 나를 위하여 이스라엘 자손에게 증거가 되게 하라"(신 31:19). "이 율법책을 가져다가 너희 하나님 여호와의 언약궤 곁에 두어 너희에게 증거가 되게 하라"(신 31:26).

하나님의 명령에 따라 모세는 노래를 지어 백성들에게 가르쳤습니다. 그 노래는 이렇게 시작합니다. "하늘이여, 귀를 기울이라. 내가 말하리라. 땅은 내 입의 말을 들을지어다. 내 교훈은 비처럼 내리고 내 말은 이슬처럼 맺히나니, 연한 풀 위에 가는 비 같고 채소 위의 단비 같도다"(신 32:1-2).

　모세의 노래는 단순한 노래가 아닙니다. 지나간 옛 사랑을 그리워하고 신세를 한탄하고 가는 세월을 허무해하는 노래가 아닙니다. 모세의 노래는 메마른 대지를 적셔서 새 생명을 잉태하게 하는 생명의 노래입니다. 그러므로 이 노래에는 메마른 생명을 살리는 하나님의 능력이 있습니다. 혼돈과 공허와 흑암을 종식시키는 하나님의 권능이 있습니다. 사망의 음침한 골짜기를 벗어나 진리와 행복의 길을 가게 하는 하나님의 지혜가 있습니다.

　모세의 노래가 전하는 첫 번째 주제는, '하나님 여호와의 이름을 전파하라'는 것입니다. 내 이름을 앞세우지 말고 하나님 여호와의 이름을 앞세우라는 것입니다. 모든 실패의 원인은 나를 앞세우고 내 주장과 내 생각을 앞세우기 때문입니다. 나는 작은 일에도 당황하고 한 치 앞을 내다보지 못합니다. 그것을 매일 매시간 확인하면서도 나는 여전히 나를 앞세웁니다. 그래서 다툼이 일어납니다.

　스캇 펙 박사는 《거짓의 사람들》에서, 사람의 몸속에 들어가 있는 사탄과 이런 대화를 하는 장면을 기록하고 있습니다.

사탄에게 왜 그리스도를 반대하느냐고 물었습니다. 그러자 이렇게 대답합니다. "그리스도는 사람들에게 서로 사랑하라고 가르치기 때문이지."

"그러면 인간의 사랑이 왜 그렇게 못마땅하냐?"고 물었더니 이렇게 대답하였습니다. "나는 사람들이 바쁘게 일하기를 바라. 그러다 보면 싸움이 일어날 테니까."

계속 더 물으려 하자, 사탄은 한마디로 잘라 말했습니다. "너도 죽여버리고 싶어."

이러한 과정을 지켜보며 스캇 펙 박사는 다음과 같은 결론을 내립니다. "그것에게는 창조적이거나 건설적인 것이라고는 눈곱만큼도 없었다. 완전한 파괴성 그 자체였다."

사람은 무엇인가 이루기 위해 밤낮 없이 수고하고 애를 씁니다. 그런데 나를 앞세우는 사람에게는 열매가 없습니다. 그 이유는 그 배후에 오로지 파괴에만 관심을 두는 사탄이 도사리고 있기 때문입니다. 그래서 여호와 하나님의 이름을 앞세우라는 것입니다.

나사렛 예수의 이름으로 명할 때에 사탄 마귀는 물러갑니다. "누구든지 주의 이름을 부르는 자는 구원을 얻으리라"(롬 10:13). 주님의 이름에는 악한 영을 물리치는 능력이 있기 때문입니다.

두 번째 주제는, '너희는 위엄을 우리 하나님께 돌리라'는 것입니다. 하나님께 위엄을 돌리는 것이 곧 '찬양'입니다. 찬양의 원 뜻은, 하나님께 음악을 통하여 영광을 돌리는 것입니다.

아무리 위대한 성악가가 많다고 하더라도 저마다 자신을 드러내려고 한다면 그 성가대는 최악이 되어버립니다. 그러나 이름 없는 대원들이 모여 온전히 하나님께 영광을 돌리려고 애를 쓴다면 최고의 성가대가 됩니다.

예수님께서 부활 승천하신 뒤 오순절에, 기도하고 있는 제자들에게 성령께서 임하셨습니다. 기도에는 두 가지가 있습니다. '프로슈케 $proseuche$'와 '데에시스 $deesis$'입니다. '데에시스'의 뜻은 '간구'입니다. 하나님을 향하여 무엇인가를 구하는 기도입니다. '프로슈케'의 뜻은 '찬양'입니다. 기도를 통하여 하나님께 엄위와 영광을 돌리는 것입니다.

제자들은 영광 중에 하늘로 승천하시는 주님의 모습에 압도당했습니다. 가난과 고난과 위협과 죽음이 더 이상 문제가 되지 않았습니다. 제자들은 마가의 다락방에 모여 열흘 동안 기도를 통하여 찬양을 통하여 하나님께 영광을 돌렸습니다. 그러자 하늘 문이 열리며 성령이 임했습니다.

성경에 기록된 경건한 하나님의 사람들에게는 공통된 소망이 있습니다. 주님의 얼굴을 뵙는 일입니다.

하나님의 얼굴을 보기 위하여 목숨을 건 사람으로 먼저 야곱이 있습니다. 그는 야복 강 저편에서 하나님의 사람과 밤새도록 씨름을 합니다. "주여, 저를 축복하소서." 야곱이 원한 것은 많은 재산도, 건강도 아닙니다. 자신을 죽이려고 기다리는 무서운 형 에서를 물리쳐달라는 것도 아닙니다. 단지 하나님의 얼굴을 보여달라는 것입니다. 환도뼈, 즉 몸의 중심이 되는 골반뼈가 부러지면서도 그는 손을 놓지 않았습니다. 그리고 마침내 하나님의 얼굴을 보게 됩니다. 그래서 그 장소에는 '브니엘*peniel*', 곧 '하나님의 얼굴'이라는 이름이 붙었습니다. 브니엘의 찬란한 아침을 맞이한 야곱은 더 이상 두려울 것이 없었습니다. 그는 당당히 에서를 맞이하러 야복 강을 건넜습니다.

하나님께 엄위와 영광을 돌리는 사람은 스데반처럼, 야곱처럼, 수많은 신앙의 선배처럼 주의 얼굴을 봅니다. 하나님의 얼굴에서 나오는 광채는 모든 어두움과 악과 혼돈을 물리칩니다.

모세는 하나님을 '반석'이라고 부르고 있습니다.

"그는 반석이시니 그가 하신 일이 완전하고 그의 모든 길이 정의롭고 진실하고 거짓이 없으신 하나님이시니 공의로우시고 바르시도다"(신 32:4).

반석은 든든한 기초, 흔들리지 않는 토대를 말합니다. 내 삶의 토대는 무엇인가, 스스로에게 묻고 확인하는 일은 너무나 중요한 일입니다. 하나님께서는 물으십니다. "그들의 신들이 어디 있으며, 그들이 피하던 반석이 어디 있느냐?"(신 32:37).

조상을 위하여 마련한 젯상에서 음식과 고기를 나누고, 조상신께 바쳤던 술로 모든 자손들이 음복을 합니다. 조상신은 그 동안 어려운 일이 있을 때마다 한민족이 피하였던 반석입니다. 조상님을 반석으로 여기며 사는 사람들에게 하나님께서는 말씀하십니다. "그들의 제물의 기름을 먹고 그들의 전제의 제물인 포도주를 마시던 자들이 일어나 너희를 돕게 하고 너희를 위해 피난처가 되게 하라"(신 32:38).

'반석'이라면 떠오르는 사람이 있습니다. 바로 예수님의 제자 베드로입니다. 가이사랴 빌립보 지방을 지나면서 주님은 제자들에게 물으셨습니다. "사람들이 나를 누구라 하느냐?" 여러 대답이 나왔습니다. 베드로가 대답합니다. "주는 그리스도시요, 살아 계신 하나님의 아들입니다." 그러자 예수님께서는 크게 기뻐하시며 이렇게 말씀하십니다. "너는 베드로라. 네가 이 반석 위에 교회를 세우리니 음부의 권세가 이기지 못하리라."

주님께서 교회를 세우시겠다는 터는 베드로가 아니라, 베드로의 신앙고백입니다. "주는 그리스도시요, 살아 계신 하나님의 아들입니다." 주님이 누구인지 알고, 믿고, 순종하는 신앙고백 위에 세운 교회는 음부의 권세, 죽음의 권세도 흔들지 못한다는 것입니다. 반석이신 하나님을 여러분의 삶과 가정과 기업의 토대로 삼으십시오. 그래야 어떤 일도, 음부의 권세도 여러분을 흔들지 못합니다.

또 하나 중요한 것이 있습니다. 하나님에 대한 신앙고백이 무엇이냐, 얼마나 확실하냐에 따라 그 견고함이 결정된다는 것입니다.

베드로는 실은 결코 반석이 아니었습니다. 그토록 훌륭한 신앙고백을 한 베드로지만, 그 고백 직후에 예수님의 혹독한 책망을 듣습니다. 주님께서 받으실 십자가 고난과 죽음에 대하여 말씀하시자, 베드로가 팔을 걷고 나섭니다. "결코 그리 하실 수 없습니다." 그러자 주님은 놀라운 말씀을 하십니다. "사탄아, 내 뒤로 물러나라. 너는 하나님의 일을 생각하지 아니하고 도리어 사람의 일만 생각하는구나." 베드로를 사탄이라 부르셨습니다.

또 그는 제사장의 집으로 끌려가신 주님을 저주까지 하면서 세 번이나 부인하였습니다. 예수님의 예언대로 '그는 사탄이 밀 까불듯 시험할 때에 사정없이 요동친' 인물입니다. 그런 그를 부활하신 주님께서는 친히 찾아가셔서 '내 양을 먹이라'는 사명을 맡기셨습니다. 그런 과정을 통하여 베드로의 신앙고백은 점점 견고해졌고, 마침내 순교를 두려워하지 않는 진정한 예수님의 수제자가 되었습니다.

진정한 신앙고백은 삶에서, 체험에서 이루어집니다. 모세는 반석이신 하나님 체험을 상세히 설명합니다.

"여호와께서 그를 황무지에서, 짐승이 부르짖는 광야에서 만나시고 호위하시며 보호하시며 자기의 눈동자같이 지키셨도다. 마치 독수리가 자기의 보금자리를 어지럽게 하며 자기의 새끼 위에 너풀거리며 그의 날개를 펴서 새끼를 받으며 그의 날개 위에 그것을 업는 것같이, 여호와께서 홀로 그를 인도하셨고, 그와 함께한 다른 신이 없었도다"(신 32:10-12).

되돌아보십시오. 내가 산 것은 내 덕이 아닙니다. 내 조상의 덕이 아닙니다. 하나님의 용서하심, 인도하심, 보호하심, 공급하심 때문입니다.

하나님은 세상을 창조하시고 나를 낳은 반석이십니다. 하나님을 믿으십시오. 무엇보다 사랑하십시오. 그리할 때에 창조주 하나님께서 친히 나의 반석이 되어주십니다.

그 반석 위에 나와 나의 가정과 기업을 세울 때에 어떤 세력도 우리를 흔들 수 없습니다. 우리는 하나님의 택하신 분깃이며, 영원한 기업입니다. 하나님은 그런 우리의 찬양을 받기를 원하십니다.

신명기 34:1-12 | **21**강

너는 건너가지 못하리라

참 믿음이란, 교회를 위하여 성도를 위하여 좋은 일을 많이 했을지라도 자신을 여전히 '무익한 종'으로 여기며, 그런 자신을 하나님의 도구로 잘 사용해주신 하나님께 감사하는 것입니다.

신
명
기
21
강

구경 한번 와보세요!
보기에는 시골 장터지만
있어야 할 건 다 있구요,
없을 건 없답니다.
화개장터!

모란은 벌써 지고 없는데,
먼 산의 뻐꾸기 울면
상냥한 얼굴 모란 아가씨
꿈속을 찾아오네.

분위기가 사뭇 다른 이 두 노래의 공통점은 가수 조영남 씨가 직접 작곡하여 불렀다는 것입니다.

조영남 씨가 작곡한 노래는 얼마 전까지는 위의 노래 '화개장터'가 유일한 것이었습니다. 그러다가 아래 노래 '모란 동백'을 나이가 들어 작곡하게 된 '구슬픈'(?) 사연이 있습니다.

선배 가수가 죽으면 그 장례식 때 후배 가수 중 한 사람이 그 선배의 히트곡 중 하나를 부르는 관례가 있습니다. 가수 백난아 씨가 돌아가셨을 때 조영남 씨가 백난아 씨의 히트곡을 불러야 했는데, 그 노래가 다름 아닌 '낭랑 18세'였습니다. 그 노래를 부르자 숙연했던 분위기가 아연 달라졌습니다. 웃음을 억지로 참는 소리가 간간이 들리는 바람에 조영남 씨는 노래를 마칠 때까지 정말 애를 먹었다고 합니다.

그래서 작곡한 노래가 '모란 동백'입니다. 본인의 장례식 때 유일한 창작곡인 '화개장터'를 누군가가 부를 생각을 하니 기가 막혔습니다. "구경 한번 와보세요! 있어야 할 건 다 있구요, 없을 건 없답니다. 화개장터!" '화개장터'라는 말이 끝나면 관객들은 한 목소리로 반드시 '엇!' 하고 추임새를 넣어야 합니다. 여러분도 한번 그 상황을 그려보십시오.

자동차를 운전하던 중에 들었던 이 이야기가 가끔씩 생각나서

웃곤 합니다. 그 이야기를 들을 당시에는 물론 '빵!' 터졌습니다.

  잘 사는 것이 곧 잘 죽는 것이고, 잘 죽는 것이 잘 사는 것입니다.
  가톨릭교회의 김수환 추기경, 불교계의 법정 스님의 장례는 많은 국민들의 애도 가운데 치러졌습니다. 그런데 개신교의 어떤 목사님이 그런 애도를 받았고 또 받게 될까, 별로 떠오르는 분이 없습니다. 누가 그런 말을 했습니다. "가톨릭과 불교는 연타석 홈런을 치는데, 요즈음 기독교는 병살타만 친다"고. 절로 고개가 끄덕여졌습니다.
  왜 개신교가 이런 말을 듣는 것일까요? 위에 언급한 두 분은 특히 소외된 국민들의 고통과 슬픔을 공감하며 몸으로 위로해준 반면, 개신교에는 그런 분이 없기 때문입니다.
  어떤 이의 죽음에 대한 애도가 없다는 것은 그가 잘 죽지 못했다는 것이고, 잘 죽지 못했다는 것은 잘 살지 못했다는 뜻입니다. 죽도록 고생만 하다가 아무 보상도 얻지 못하고 죽는다면 그보다 더 억울한 일이 없을 것입니다. 아직도 정정한데, 기력이 쇠하지도 않았고 눈이 흐려지지도 않았는데 죽어야 한다면 그 또한 억울할 것입니다. 능력과 지혜에 있어서 그만한 사람이 없었고, 앞으로도 없을 만큼 탁월한데도 이제 그만 죽어야 한다면, 아무리 죽고 사는 문제가 하나님의 손에 달렸다고 하여도 하나님이 원망스러울 것입니다. 그런데도 죽어야 했던 사람이 있습니다. 바로 모세입니다.

여러분이 모세가 되었다 치고 그 노고와 어려움을 한번 상상해 보십시오.

한 집안을 이끄는 것도 힘에 부칩니다. 작은 교회를 목회하는 것도 쉽지 않아, 언제나 걱정이 앞서고 자신의 무능을 절감합니다. 그런데 모세는 사십 년 동안 궁궐은커녕 아무것도 없는 광야에서 200만이나 되는 이스라엘 백성을 먹이고 입히고 가르치며 훈련시켜 하나님의 백성으로 만들었습니다. 매일 위로부터는 하나님에게서 명령이 떨어지고, 아래로부터는 백성들의 원망과 배반이 끝없이 이어졌습니다. 힘을 합쳐 그를 도와야 하는 아론과 미리암조차 모세를 이해하지 못하고 간간이 사고를 저지릅니다.

모세의 광야 사십 년은 눈물과 땀과 피로 얼룩진 것이었습니다. 그는 모든 것을 오로지 가나안 땅에 들어갈 생각으로 참고 견디었습니다. 그런데 젖과 꿀이 흐르는 가나안 땅을 눈앞에 두고, 하나님으로부터 엄청난 말씀을 듣습니다. "네가 이 요단을 건너지 못할 것임이니라."

실로 기가 막혔을 것입니다. 그래서 모세는 가나안 땅에 들어가지 못하는 이유를 하나님께 여쭈었습니다. 그 이유는 너무나 사소한 것이었습니다.

몇 년 전인지 기억에도 없습니다. 기진한 이스라엘 백성을 이끌고 므리바에 당도하였을 때였습니다. 므리바는 오아시스였으므로 당연히 물이 있어야 하는데도 물이 없었습니다. 백성들이 들고일어났습니다. 그때 하나님께서는 반석에게 명령하여 물을 내어 이스라엘 백성을 마시게 하라고 분부하셨습니다. 모세도 인간인지라, 백성에 대해서 또 하나님에 대해서 화가 나 있었을 것입니다. 모세는 백성들을 모아놓고 소리쳤습니다. "반역한 너희여, 들으라. 우리가 너희를 위하여 이 반석에서 물을 내랴?"(민 20:10). 그러고는 반석을 두 번 내리쳤습니다. 물이 반석에서 쏟아져 나와 백성들은 물론 짐승들까지 물을 마셨습니다. 그런데 사단은 그 후에 일어났습니다. 하나님이 엄청난 말씀을 하신 것입니다. "너희가 나를 믿지 아니하고 이스라엘 자손의 목전에 내 거룩함을 나타내지 아니한 고로 너희는 이 회중을 내가 그들에게 준 땅으로 인도하여 들이지 못하리라"(민 20:12).

하나님께서는 까마득한 옛일을 들춰내며 모세의 가나안 땅 진입을 허락하지 않으셨습니다. 이에 모세는 하나님께 애원하였습니다. "구하옵나니 나를 건너가게 하사, 요단 저쪽에 있는 아름다운 땅, 아름다운 산과 레바논을 보게 하옵소서." 그러나 하나님께서는 냉정하게 이렇게 말씀하셨습니다. "그만해도 족하니 이 일로 다시 내게 말하지 말라"(신 3:26).

그런 작은 이유로 인해 사십 년의 노고가 보상을 받지 못한다면 우리 마음은 어떨까요? 게다가 "모세의 나이가 백이십 세였으나, 눈이 흐리지 아니하였고 기력이 쇠하지 아니하였다"(신 34:7), 또한 "그 후에는 이스라엘에 모세와 같은 선지자가 일어나지 못하였다"(신 34:10)고 한 것을 보면 어느 모로 보나 모세의 죽음은 억울하기 짝이 없는 죽음입니다.

그런데 모세는 하나님의 이 억울하기 짝이 없는 처사에 대해서 어떻게 반응하였을까요?

모세는 그 이후로 한 번도 하나님께 항변하지 않고 하나님의 처사를 겸손히 받아들였습니다. 죽음을 앞두고 이스라엘 백성을 모아놓고 마지막 수업을 하였습니다. 그 내용이 바로 우리가 지금까지 공부한 신명기입니다.

어떻게 모세는 그럴 수 있었을까요? 그 해답을 엿볼 수 있는 구절이 있습니다. "모세는 여호와께서 대면하여 아시던 자요"(신 34:10).

사도 바울은 그 유명한 '사랑장'의 결론으로 이런 말을 하였습니다. "우리가 지금은 거울로 보는 것같이 희미하나, 그때에는 얼굴과 얼굴을 대하여 볼 것이요, 지금은 내가 부분적으로 아나 그

때에는 주께서 나를 아신 것같이 내가 온전히 알리라. 그런즉 믿음, 소망, 사랑, 이 세 가지는 항상 있을 것인데 그 중의 제일은 사랑이라"(고전 13:12-13).

　이 말씀은 하나님과의 관계의 성숙을 설명한 것입니다. 내게 어느 날 '믿음'이 생기자 인생과 세상의 본질을 어렴풋이나마 깨닫기 시작하였습니다. 그것을 거울을 보는 것처럼 희미하다고 표현하였습니다. 당시 거울은 청동거울이라 요즘 거울처럼 선명하게 사물을 비추지는 못했기 때문입니다. 그래도 하나님을 향해 열심히 걸어갔습니다. 우여곡절을 겪으면서도 하나님의 약속을 믿고 '소망' 중에 견디며 이기며 나아갔습니다. 그러자 점점 삼위일체 하나님에 대해서 더욱 명확하게 알게 되었습니다. 삼위일체 하나님을 누구보다 무엇보다 '사랑'하게 되었습니다. 주께서 나를 아신 것처럼 나도 내 자신과 세상과 인생의 본질에 대해서 알게 되었습니다.

　기독교의 본질은, 하나님과의 관계를 통해서 '그리스도의 장성한 분량'에 이르기까지 '거룩한 성숙'을 이루는 것입니다. 하나님을 열심히 섬겨 하나님의 복을 듬뿍 받아 잘 먹고 잘 사는 것은 절대로 신앙생활의 목적이 아닙니다. 그렇게 생각하는 한, "내가 평생 동안 이토록 열심히 하나님을 섬겼는데 내게 오는 보상은 기껏 이것뿐입니까?"라는 항변을 넘어설 수 없습니다. 이 말은 "큰돈 들여 굿을 하고 부적을 붙였는데 왜 액운은 계속되는 거야!"라는 항변과 조금도 다를 바가 없는 것입니다. 이것이 기복신앙의 결정적인 오류입니다. 이 억울한 마음을 해결하지 못하면 거룩한 성숙은 기대할 수 없고, 또한 천국에도 이를 수 없습니다.

하나님과의 사랑이 깊어질수록, 거룩한 성숙을 이룰수록 삼위일체 하나님을 더욱 또렷이 볼 수 있으며, 하나님과 한 마음이 됩니다. 그렇게 하나님의 깊은 뜻을 읽은 모세는 하나님의 처사를 겸허히 받아들일 수 있었습니다.

죽음에 대한 올바른 이해가 없으면 제대로 살지 못합니다. 웰빙Well Being은 웰다잉Well Dying의 문제입니다.

인간의 불행은 죽음의 문제를 해결하지 못해서 일어난 결과들이라고 해도 과히 틀린 말이 아닙니다. 죽음에 대한 불안과 두려움 때문에 무서워하지 않아도 될 것을 무서워하고 정말 두려워해야 할 것을 무시합니다.

예수님께서 말씀하십니다. "몸은 죽여도 영혼은 능히 죽이지 못하는 자들을 두려워하지 말고, 오직 몸과 영혼을 능히 지옥에 멸하실 수 있는 이를 두려워하라"(마 10:28).

죽음에 대한 올바른 이해가 이 땅에서의 삶을 제대로 살게 합니다. 죽음을 두려워하고 오해한 결과가 인간의 교만과 탐욕이며, 그 결과는 실패와 파멸입니다.

제프리 롱Jeffrey Long은 미국의 방사선 종양학과 전문의입니다. 그는 종교인도 심령학자도 아니지만, 1998년에 평소에 관심을 가졌던 '죽음 체험'에 관한 웹사이트를 개설하였습니다. 정작 그는 자신의 웹사이트에 별 기대를 하지 않았는데, 놀라운 일이 일어났습니다. 전 세계에서 인종 종교 문화를 초월한 수많은 사람들이 그곳을 방문하여 자신의 죽음 체험에 관한 글을 남겼던 것입니다. 이에 대한 연구가 꼭 필요하다고 절감한 그는 신빙성 있는 사례들을 모아 조사해보았습니다. 1,300여 명이나 되는 사람들의 체험을 모아 연구한 뒤 《죽음, 그 후》라는 책을 썼습니다.

어떤 사람이 죽어서 긴 터널을 지나 밝은 빛 가운데 섰습니다. 그때의 상황을 이렇게 묘사합니다. "나의 생각과 행동, 말, 미워한 것, 도운 것, 돕지 않은 것, 도왔어야 했던 것 등, 모든 것이 보였습니다. 내가 사람들에게 얼마나 비열했는지, 동물들에게도 얼마나 잔인하게 굴었는지! 너무나 부끄러워서 고개를 들 수 없었습니다. 내가 행한 것과 행하지 않은 것이 어떻게 실제로 다른 사람들의 삶에 물결을 만들어내는지 명확히 보았습니다. 그때서야 비로소 모든 작은 결정과 선택이 어떻게 세상에 영향을 미치는지 이해했습니다. 하나님을 실망시켰다는 느낌이 생생했습니다. 그런데 이상하게도 내가 자신에 대해서 끔찍하게 느끼고 있는 동안에도 하나님이 나의 그런 한계를 동정하고 받아들여주신다는 것을 느꼈습니다."

거의 모든 사람들의 증언에서 공통점은, 심장과 숨이 멎은 후 유체를 이탈하여 자신을 내려다보았고, 어둡고 긴 터널에 순식간에 빨려들어가 눈부시지는 않으나 심히 밝고 환한 빛 가운데 섰고, 자신의 과거를 보았고, 그에 대해 한없이 부끄러웠고, 그러나 그 빛은 자신을 연민과 동정과 사랑으로 용납하여주었다는 것입니다. 그리고 다시 돌아가라는 말을 들었을 때 하나같이 다시 돌아가고 싶지 않았다는 것입니다.

어떤 사람은 이렇게 말했습니다. "그곳을 떠나서 다시 몸으로 돌아왔는데, 마치 더러운 옷을 입는 것 같았습니다."

이러한 내용들이 과연 성경적인 개념인가를 점검해야 합니다. 죽음 체험을 했다는 사람들의 종교는 다양했으며, 심지어는 종교가 없는 사람들도 있었기 때문입니다.

성경에서 죽음에 대해서 가장 많은 언급을 한 사람은 사도 바울입니다. 이 사도 바울의 죽음에 대한 언급을 추적해보면 기독교의 죽음에 대한 이해를 명확히 알 수 있습니다.

사도 바울로 하여금 결정적으로 죽음에 대한 인식을 하게 한 것은 스데반의 순교였습니다. 스데반은 예루살렘에서 일어난 첫 박해에서 최초로 순교한 사람입니다.

스데반이 거리로 나가 예수님에 대해 증언하자, 유대인들이 몰려와 스데반에게 돌을 던졌습니다. 아직 예수님을 모르던 바울도 그 자리에 있었습니다. 성경은 그때 일을 이렇게 전합니다. "성 밖으로 내치고 돌로 칠새, 증인들이 옷을 벗어 사울이라 하는 청년의 발 앞에 두니라"(행 7:58).

무수한 돌들이 날아와 스데반의 몸을 때렸습니다. 머리가 깨지고 피가 흘렀습니다. 그때 스데반은 성령이 충만하여 하늘을 우러러보며 말했습니다. "보라, 하늘이 열리고 인자가 하나님 우편에 서신 것을 보노라"(행 7:56). 그 말에 더 많은 돌이 날아왔습니다. 그러자 스데반은 이렇게 외칩니다. "주 예수여, 내 영혼을 받으시옵소서." 더 많은 돌이 날아오고 스데반이 마침내 쓰러졌습니다. 그리고 숨을 거두며 말합니다. "주여, 이 죄를 그들에게 돌리지 마옵소서"(행 7:60).

이 모든 것을 보고 있던 바울은 분명 큰 충격을 받았을 것입니다. 돌에 맞아 죽어가면서도 자신들을 위하여 기도하는 스데반의 평온한 얼굴이 뇌리에 박혔을 것입니다. 무엇이 그로 하여금 죽음조차 두려워하지 않게 하였는가? 이런 질문을 마음에 품었을 것입니다.

그러나 그는 유대교에 충실한 사람이었으므로, 예수님과 부활을 믿는 이들을 체포하여 끌어오려고 다마스쿠스로 가는 길에서 부활하신 예수님을 만납니다. 예수님은 바울에게 '네가 핍박하는 예수'라고 자신을 밝히셨습니다. 예수님을 만난 후, 바울은 핍박하는 자신마저 받아주시고 용서하시는 부활하신 예수님의 사랑 가운데서 마침내 죽음으로부터 완전히 자유로워졌습니다.

사도 바울은 자신이 체험한 매우 특이하고 신비한 경험을 고린도후서에서 다음과 같이 언급했습니다. "무익하나마 내가 부득불 자랑하노니 주의 환상과 계시를 말하리라.…십사 년 전에 그가 셋째 하늘에 이끌려 간 자라. 그가 몸 안에 있었는지 몸 밖에 있었는지 나는 모르거니와 하나님은 아시느니라. 그가 낙원으로 이끌려 가서 말로 표현할 수 없는 말을 들었으니 사람이 가히 이르지 못할 말이로다"(고후 12:1-4).

사도 바울이 가보았다는 셋째 하늘은 과연 어디였을까요?

먼저 셋째 하늘이라는 개념은 유대인들에게서 왔는데, 유대인들은 하늘이 일곱 층으로 나뉘어 있고, 그 중 셋째 하늘은 의롭게 죽은 사람들이 머무는 장소라고 생각했습니다. 에베소서 4:10에도 "내리셨던 그(예수)가 곧 모든 하늘 위에 오르신 자니, 이는 만물을 충만하게 하려 하심이니라"라는 구절이 있습니다. '모든 하늘 위'는 예수님께서 부활 승천하신 후에 머물고 계시는 하늘을 의미하며, 사도 바울도 그곳을 다녀왔다는 것입니다.

또한 '몸 안'과 '몸 밖'을 구별했던 것은 '유체 이탈'을 말하는 것이 아닐까요?

'사람이 가히 이르지 못할 말'이란 과연 무엇일까요?

사도 바울은, 죽은 후 하늘나라에서 덧입게 될 몸인 '신령한 몸'과 '영의 몸'(고전 15:44)에 대해서 열심히 설명하고 있습니다. 사람들이 이 땅에서는 육안으로 확인할 수 없는, 이 '영의 몸'으로 살아갈 죽음 너머의 세계에 대한 것을 '비밀'(고전 15:51)이라고 하였습니다. 이 비밀이 그가 셋째 하늘에서 보았고 들었던 '사람이 가히 이르지 못할 말'이 아닐까요?

사도 바울은 '몸'을 '장막'이라고 표현하면서 이런 말을 했습니다. "만일 땅에 있는 우리의 장막 집이 무너지면 하나님께서 지으신 집 곧 손으로 지은 것이 아니요, 하늘에 있는 영원한 집이 우리에게 있는 줄 아느니라. 참으로 우리가 여기 있어 탄식하며 하늘로부터 오는 우리 처소로 덧입기를 간절히 사모하노라. 이렇게 입음은 벗은 자들로 발견되지 않으려 함이라"(고후 5:1-3).

사도 바울의 이 말은, 죽었다가 살아났을 때 다시 더러운 옷을 입는 것 같았다는 사람의 말과 동일합니다.

사도 바울은 이런 말도 합니다. "내가 확신하노니 사망이나 생명이나 천사들이나 권세자들이나 현재 일이나 장래 일이나 능력이나 높음이나 깊음이나 다른 어떤 피조물이라도 우리를 우리 주 그리스도 예수 안에 있는 하나님의 사랑에서 끊을 수 없으리라"(롬 8:38-39).

죽음을 체험한 사람들의 공통된 증언은, 그 빛이 절대자였으며 그 빛은 자신을 한없는 사랑과 연민으로 용납하였다는 것입니다. 죽음, 죄, 권력과 부와 깊이와 높은 것을 추구했던 욕망, 가장 흉악한 인간의 죄악마저도 하나님의 사랑을 이기지 못한다는 것입니다. 그 누가, 어떤 것이 하나님의 사랑을 능가할 수 있겠습니까?

이 모든 것, 죽음에 대한 자유가 사도 바울에게만 특별히 주어진 것일까요? 절대로 그렇지 않습니다. 사도 바울이 이방인의 사도가 되어 죽음을 두려워하지 않고 복음을 전한 이유는, 우리와 같은 보통 사람들도 자신이 전하는 복음을 듣고 죽음의 실체를 올바로 알고 죽음으로부터 자유로워지라는 것입니다.

하나님의 사랑은 그 어떤 죄도 이미 예수님의 십자가에서 용서하셨습니다. 그런데 어떤 이들은 그 사랑과 용서를 거부하고 제 길로 가버립니다. 그 끝이 지옥입니다. 예수님과 사도 바울이 온 힘을 다해 전한 것은 하나님의 용서를 받아들이고 하나님의 사랑 안에서 살면, 그 삶이 천국으로 이어지고 천국에서 완성된다는 것입니다.

현재의 고난은 장차 죽은 후에 누리게 될 영원한 영광과 족히 비교할 수 없으므로, 오늘의 시험과 유혹을 견디라는 것입니다.

죽음을 체험한 사람들에게 가장 두드러진 것은 그 경험 이후의 변화입니다. 과연 그들은 어떻게 변했을까요?

자신감이 늘고, 영성이 더 강해졌으며, 물질이나 지위에 대한 관심이 현저히 줄었습니다. 삶의 신성함에 대한 믿음, 신의 존재에 대한 신념, 삶의 의미와 목적이 분명해졌고, 다른 사람들의 필요에 민감해져 그들을 돕고자 하였으며, 인생을 더 충만하고 즐겁게 살려고 노력했습니다. (왜 비장해지지 말아야 하는지 아시겠죠?) 이미 갖고 있는 종교에 더 헌신하였지만, 틀린 점에 대해서는 무관심하거나 적대적이었습니다.

자신의 직업을 재평가하였습니다. 그 전에는 '무슨 짓을 해서라도 이겨야 한다'는 사고방식과 경쟁이 최고의 가치였는데, 점점 더 공감과 연민 쪽으로 기울어졌습니다. 그래서 자신의 직업에 회의를 느끼고 아무리 많은 부와 명예가 주어진다고 하더라도 직업을 과감히 바꾸었습니다.

가장 두드러진 특징은 집착이 없어졌다는 것입니다. 너그러워졌고, 나누기를 즐겼고, 무엇보다도 다시 죽게 되었을 때 몹시 기뻐했다는 것입니다.

죽음을 경험하고 난 사람들의 변화가 바로 하나님께서 우리에게 바라시는 것과 동일합니다.

예수님께서 말씀하십니다. "진리를 알지니 진리가 너희를 자유롭게 하리라"(요 8:32). 진리를 깊이 이해하게 되면 탐욕과 분노, 집착과 보상심리, 무엇보다도 죽음의 공포로부터 자유를 누리게 됩니다.

밤길에 아기를 업고 가면 무서움이 훨씬 덜하다고 합니다. 젖먹이에게 무슨 힘이 있어 위험으로부터 엄마를 보호할 수 있겠습니까? 그럼에도 무서움이 감소하는 이유는, 누군가와 함께 있기 때문입니다.

진리란 과연 무엇일까요? 사람들은 흔히 진리를 어떤 명제라고 생각합니다. 그러나 진리란 예수님 자체, 삼위일체 하나님 자체입니다. 예수님과 동행하는 것이 곧 진리입니다. 예수님을 알지 못했던 다윗은 평생 여호와 하나님과 동행하였고 그래서 사망의 음침한 골짜기에서도 해 받음을 두려워하지 않았습니다. 주의하십시오! 하나님과 동행한다고 해가 없어지지는 않습니다. 해 받는 것을 두려워하지 않게 되었다는 것입니다. 죽으면 죽으리라는 마음으로 살았다는 뜻입니다.

하나님의 사람들이 그토록 담대할 수 있었던 이유도 하나님과 동행하였기 때문입니다. 모세도 그랬고, 사도 바울과 예수님의 제자들과 수많은 하나님의 사람들이 그러했습니다. 그래서 모세도 하나님의 처사를 섭섭해하지 않고 순순히 받아들일 수 있었습니다. 모세는 무엇보다도 하나님의 충실한 청지기였습니다.

예수님께서 한 비유를 들어서 말씀하셨습니다. "너희 중에 누구에게 밭을 갈거나 양을 치거나 하는 종이 있어 밭에서 돌아오면 그더러 곧 와 앉아서 먹으라 말할 자가 있느냐? 도리어 그더러 내 먹을 것을 준비하고 띠를 띠고 내가 먹고 마시는 동안에 수종 들고 너는 그 후에 먹고 마시라 하지 않겠느냐? 명한 대로 하였다고 종에게 감사하겠느냐?"(눅 17:7-9). 이어서 이렇게 말씀하셨습니다. "이와 같이 너희도 명령받은 것을 다 행한 후에 이르기를, 우리는 무익한 종이라. 우리가 하여야 할 일을 한 것뿐이라 할지니라"
(눅 17:10).

    참 믿음이란, 교회를 위하여 성도를 위하여 좋은 일을 많이 했을지라도 자신을 여전히 '무익한 종'으로 여기며, 그런 자신을 하나님의 도구로 잘 사용해주신 하나님께 감사하는 것입니다.

    모세는 자신을 '무익한 종'으로 여겼습니다. 신명기 어디에서도 자신의 신세를 한탄하거나 하나님의 처사에 대하여 억울해하지 않았고, 처음부터 끝까지 하나님의 이름만을 드러내었다는 점이 그 증거입니다.

    천국에서 예수님과 모세가 만났습니다.

    "모세 씨! 이렇게 만나다니 정말 반갑습니다."

    "아이고, 예수님, 정말 영광입니다."

    "그런데 모세 씨, 세상에 있을 때 홍해 바다를 가르셨지요. 그거 한번 볼 수 있을까요?"

    "네, 그랬었습니다. 제가 예수님 앞에서 한번 해볼까요? 너무 오래 전 일이라 잘 될지 모르겠습니다."

    모세는 정신을 가다듬고 지팡이로 바다를 내리쳤습니다. 그러자 그때처럼 바다가 쫘악 하고 갈라졌습니다.

"정말 대단하군요! 내가 본 것 중에 가장 멋집니다."

"그런데 예수님, 저도 보고 싶은 것이 있습니다."

"뭔데요."

"예수님이 바다 위를 걸으시는 것을 한번 보고 싶습니다."

"그래요. 한번 해보죠, 뭐."

그런데 이게 어찌된 일일까요. 예수님이 자꾸 물로 가라앉으시는 것 아닙니까.

그러자 예수님께서는 이렇게 말씀하셨습니다.

"발등에 구멍이 뚫린 이후로 자꾸 빠집니다."

그 예수님이 하늘나라에서 우리를 기다리고 계십니다. 빨리 가십시다!

나가는 말

더불어 함께 살아가는 세상을 꿈꾸며

하버드 대학의 마이클 샌델 교수가 쓴 《정의란 무엇인가》라는 책이 우리나라뿐만 아니라 세계적으로도 베스트셀러가 되었습니다. 쉽지 않은 그의 책에 수많은 독자들이 관심을 보이는 현상을 보면서 가장 먼저 떠오른 생각은, "아무리 인간의 탐욕이 세상을 흔들어도 하나님의 뜻, 정의는 이루어진다"는 것입니다.

현재 온 세계가 앓고 있는 금융위기는 인간의 탐욕이 빚어낸 마지막 혼란입니다. 걱정하고 절망하고 분노하며, 또한 살길을 모색하면서 사람들은 각자의 생각들을 쏟아냅니다. 그 수많은 생각들은 혼란을 더 깊은 혼돈으로 몰아갑니다. 마이클 샌델 교수는 갈피를 잡을 수 없는 카오스의 한가운데 '정의'라는 화두를 던지며 수

많은 생각들의 가닥을 잡아줍니다. 그리고 갈 길을 제시합니다.

　마이클 샌델 교수가 말하는 정의란 '미덕을 키우고 공동선을 고민하는 것'입니다. 즉 '더불어, 함께 살아가는 세상'을 만드는 것이 곧 정의입니다.

　아리스토텔레스, 칸트 등 어렵고 골치 아픈 수많은 이론들과 사례들을 들먹이며 정의에 대해서 생각하게 해놓고 너무나 간단히 결론을 내린다고 생각하지 않으십니까?

　그러나 결코 그렇지 않습니다. 드디어 많은 사람들이 그렇게 생각하게 된 것입니다. 살벌한 적자생존의 경쟁 시대가 종언을 고하고, '더불어 함께 사는 세상 만들기'가 대세가 된 것입니다. 그러므로 이에 동참해야 합니다. 자녀 양육도, 공부도, 사업도, 정치도, 목회도 모두 더불어서 함께 사는 세상을 만들 생각으로 해야 합니다. 이것이 하나님의 뜻이기도 하고, 인간 탐욕의 마지막을 보고 아우성치는 대부분의 사람들이 하는 생각입니다. 즉, '더불어 함께'는, 하나님께서 창조하시고 운행하시는 21세기의 시대정신이며, 난제들을 해결할 수 있는 본질이자 키워드입니다. 현상이 매우 다양하고 문제가 복잡하게 얽혀 있어도, 본질을 알면 해결책이 눈에 보입니다.

세상을 꿰뚫는 가장 기본적인 본질은 두 가지입니다.

첫째, 세상은 하나님의 뜻과 의도대로 움직입니다. 하나님의 뜻과 의도는 언제나 '사랑'과 '창조'입니다. 즉 생명을 살리고 더욱 풍성케 하시는 것입니다.

둘째, 세상이 아무리 예측할 수 없이 흐른다고 해도, 그 원인은 언제나 인간의 탐욕입니다. 인간은 보잘것없어 보이지만 모두 하나님의 자녀입니다. 온 우주를 만드신 하나님의 자녀들이므로 그의 행동은 미미한 것 같으나 세상에 큰 영향을 미칩니다. 좋은 의도를 가지면 좋은 영향을, 나쁜 의도를 가지면 나쁜 영향을 미칩니다.

이 혼란스럽고 혼탁한 세상에서 어떻게 살아야 하며 어떻게 이겨내야 할까요? 경쟁력, 외모, 재산과 배경, 학벌, 정직과 성실, 통찰력, 재능, 의지력, 용기 등을 모두 능가하는 것이 '진실'입니다. '진실'이 최고의 병기입니다.

언제나 예수님의 완전무결한 빛 아래서 '나는 왜 이것을 원하며, 어떤 의도로 이 일을 하는가?'를 스스로에게 물어야 합니다. 그리고 대답해야 합니다.

이득을 얻기 위해서, 유명해지기 위해서, 영향력을 확장하기 위해서, 행복하기 위해서, 인정과 보상을 받기 위해서, 마음의 평화를 얻기 위해서, 좀 더 편하기 위해서, 하나님의 복을 받기 위해서 등등, 여러 가지 의도로 열심히 살아갑니다. 그 어떤 의도와 목적도 예수님의 완전무결한 빛 아래에서는 밝히 드러납니다. 바르지 않은 의도와 목적들은 검은 그림자를 드리우고, 그 그림자는 나 자신과 다른 사람들을 시들고 병들게 만듭니다.

오직 '진실'만이 예수님의 완전무결한 빛을 통과하며 그림자가 생기지 않습니다.

모든 사람이 상대방에 대해서 '그대는 진실한가?'를 묻습니다. 하나님은 나를 향해, 사람들은 또 하나님을 향해 묻습니다. 남편은 아내를 향해, 아내는 남편을 향해, 교인들은 목사를 향해, 미술은 화가를 향해 묻습니다. 이 질문은, 다른 말로 하면 '그대는 나를 사랑하는가?' 입니다.

신명기는, 나를 '진짜로' 사랑하시는 하나님께서 우리 모두에게 주신, '더불어 함께 살아가는 세상 만들기'의 매뉴얼입니다. 하나님을 '진짜로' 사랑하고 다른 사람들과 내게 맡겨진 일을 '진짜로' 사랑할 때 비로소 진실할 수 있습니다. 그때 나는 살아나고 다른 사람들을 살려냅니다.

하늘 이야기를 마치며

예수님은 종교적인 분이신가?

흔히 '종교적인 것'과 '영적인 것'은 같은 것이라고 생각합니다. 그러나 종교적인 것과 영적인 것은 정반대되는 개념일 수 있습니다.

성경에 등장하는 사람들 중 가장 종교적인 존재를 들라면 단연 바리새인들입니다. 그런데 이들은 예수님과 가장 잦은 충돌을 빚은 동시에, 예수님으로부터 가장 신랄한 비판을 받은 사람들입니다. 예수님께서는 이들에 대해서 이렇게 말씀하셨습니다.

"화 있을진저, 외식하는 바리새인들이여! 잔과 대접의 겉은 깨끗이 하되, 그 안에는 탐욕과 방탕으로 가득하게 하는도다"(마 23:25).

"바리새인들은 돈을 좋아하는 자들이라"(눅 16:14).

예수님은 종교적인 계율들을 별로 개의치 않으셨습니다. 대단히 자유로우셨습니다. 그러한 예수님의 태도는 종교적인 종교지도자들과 바리새인들의 반감을 극대화하였고, 마침내 그들은 예수님을 십자가에 매달아버렸습니다.

그러나 예수님은, 너무나 당연하게도, 영적인 분입니다. 예수님의 영은 하늘 아버지와 곧장 연결되어 있어서 그분의 모든 생각과 행동은 곧 하나님 아버지와 완전히 일치하십니다.

모세오경 시리즈를 시작하면서, "내가 땅의 일을 말하여도 너희가 믿지 아니하거든 하물며 하늘 일을 말하면 어떻게 믿겠느냐?"(요 3:12)는 예수님의 말씀을 인용하였습니다. 그래서 시리즈의 제목을 '하늘 이야기'로 정했습니다.

3년에 걸쳐 책을 쓰면서 늘 염두에 두었던 것은 예수님께서 우리에게 들려주시려는 하늘 이야기가 과연 무엇일까 하는 것이었습니다. 하늘 이야기를 제대로 듣기 위해서는 무엇보다도 하나님의 마음을 헤아려보아야 합니다. 눈으로 볼 수 없는 하나님의 마음을 읽기 위해서는 하나님의 영을 받아야 합니다. 즉 영적인 존재가 되어야 합니다.

종교는, 눈에 보이지 않는 신에게 인간의 희구를 전달하고 그것이 현실의 삶에서 실현되기를 바라며 행하는 행위의 집합이라고 규정할 수 있습니다. 그 신들은 애초부터 그 실체를 알 수 없는 존재이므로 그 신들이 무엇을 원하고 바라는지 알 수 없습니다. 그래서 인간은 그 신들이 이렇게 하면 좋아할 것이라 나름 규정하고, 열심히 행합니다. 그 제반 규정들을 열심히 지키는 사람들을 일컬어 '종교적'이라고 하며, 또 종교적일수록 그 신들로부터 더 많은 복을 받는다고 믿습니다.

그런데 하나님께서 성경을 통하여 자신을 계시하신 가장 큰 목적, 달리 말하면 자신의 마음을 우리에게 알려주신 이유는, 바로 종교에 몰두하며 종교의 감옥에 갇혀 사는 하나님의 자녀(인간)들을 자유롭게 하시기 위해서입니다.

예수님께서는 공생애를 시작하시면서 이 점을 천명하셨습니다. "내게 기름을 부으시고 나를 보내사 포로 된 자에게 자유를, 눈 먼 자에게 다시 보게 함을 전파하며 눌린 자를 자유롭게 하고 주의 은혜의 해를 전파하게 하려 하심이라"(눅 4:18-19).

기독교는, 기존 종교와 종교성을 깨뜨리기 위해 하나님께서 친히 세우신 종교입니다. 기독교의 타락은 다름 아닌 기독교를 일반 종교의 차원으로 환원시키는 것입니다.

넘치는 제물을 '가증스러운 헛된 것'(사 1:13)으로, 안식일과 절기에 따라 드리는 정성스런 제사를 '하나님께 눈도장 찍기 위한 마당 밟기'(사 1:12)로 통렬히 비판한 이사야 선지자의 지적이 바로 그 증거입니다.

여호와 하나님은 모든 신의 신으로서 그분을 잘 섬기면 더 큰 복을 받으리라는 생각은, 여호와 하나님을 이미 죽고 없는 제갈공명이나 김유신 장군 차원으로 추락시키는 일이며, 예배를 굿으로, 헌금을 복채로, 기도를 주문으로 전락시키는 일입니다.

수천 년의 역사를 가진 무속종교는 그렇게 한다고 해도 별다른 비판을 받지 않지만, 그렇게 하는 오늘날의 기독교는 사회로부터 엄청난 비판과 외면과 공격을 받습니다. 여호와 하나님을 알지 못하는 사람들도 기독교는 그렇게 해서는 절대로 안 된다는 것을 본능적으로 알고 있기 때문입니다.

무신론적 실존주의자 알베르 까뮈는, '그리스도인들이 우리에게 해줄 수 있는 것은 오직 그리스도인으로 사는 것뿐'이라고 말했습니다. 너희들끼리 살라는 뜻이 아닙니다. 어디로 가야 할지 모르는 세상 사람들에게 올바른 방향과 모범을 보이라는 간청입니다.

그러기 위해서는 무엇보다도, 성경 이야기 속에서 영적 원리, 신학적 교리, 도덕적 지침 등을 뽑아내고, 그 틀에 사람들을 끼워맞추려는 나쁜 습관을 빨리 버려야 합니다. 여호와 하나님은 성경 이야기를 통해 우리를 그 이야기 속으로 초대하십니다. 그 이야기에 동화되고 참여하여, 여호와 하나님이 바로 우리 아버지시며 그 아버지는 사랑으로 만물을 창조하시는 분임을 깨닫고, 그분과 함께 더 넓고 따뜻하며 밝고 자유로운 세상을 만들어가야 합니다.

성경을 연구하고 묵상하며 하나님의 마음을 조금씩 알아갈수록 하나님께서 얼마나 외로우실까, 그 하나님의 외로움이 전해졌습니다. 송구스러웠습니다.

사랑이 깊으면 외로움도 깊어지게 마련입니다.

세상에서 가장 쉬운 일은 나를 짝사랑하는 사람의 사랑을 받아들이는 것입니다. 세상에서 가장 기쁜 일은 내 사랑을 그 사람이 받아들일 때입니다. 하나님처럼 우리를 짝사랑하는 존재는 없습니다. 얼마나 사랑했으면 독생자마저 우리의 알량한 사랑을 얻기 위해 죽게 하셨겠습니까? 우리가 하나님의 사랑을 받아들일 때 하나님 아버지께서 얼마나 기뻐하시겠습니까?

사랑이 깊으면 기쁨도 커지게 마련입니다.

"성령이 친히 우리의 영과 더불어 우리가 하나님의 자녀인 것을 증언하시나니"(롬 8:16). 하나님께서는 태초부터 성령을 통하여 '너는 하나님의 자녀'라는 영적 메시지를 보내오셨습니다.

고장나버린 내 영적 안테나는 그 메시지를 받지 못하고, 종교 행위에 몰두하며 엉뚱한 복만 찾아 헤맵니다. 그리하여 예수님께서 오셨습니다. 그분 자체가 눈으로 읽을 수 있는 메시지입니다. 그래서 그분을 읽으면 죽었던 내 영도 살아납니다.

예수님은 결코 종교적인 분이 아니셨습니다. 영적인 분이셨습니다.

여러분이 예배로 하나님 아버지와 더욱 가까워지며, 기도와 묵상으로 하나님 아버지와 더욱 긴밀히 교통하며, 기꺼운 봉사와 헌신으로 하나님 아버지의 창조에 더욱 깊이 참여하시기를 바라 마지않습니다.